安全与应急科普丛书

工伤保险与工伤预防知识

"安全与应急科普丛书"编委会 编

中国劳动社会保障出版社

图书在版编目(CIP)数据

工伤保险与工伤预防知识/"安全与应急科普丛书"编委会编. -- 北京：中国劳动社会保障出版社，2022
（安全与应急科普丛书）
ISBN 978-7-5167-5339-2

Ⅰ.①工… Ⅱ.①安… Ⅲ.①工伤保险-基本知识-中国②工伤事故-事故预防-基本知识 Ⅳ.①F842.616②X928.03

中国版本图书馆 CIP 数据核字（2022）第 056241 号

中国劳动社会保障出版社出版发行

（北京市惠新东街1号　邮政编码：100029）

*

北京市科星印刷有限责任公司印刷装订　　新华书店经销
880毫米×1230毫米　32开本　4.875印张　100千字
2022年4月第1版　2023年11月第2次印刷
定价：15.00元

营销中心电话：400-606-6496
出版社网址：http://www.class.com.cn

版权专有　　侵权必究

如有印装差错，请与本社联系调换：（010）81211666
我社将与版权执法机关配合，大力打击盗印、销售和使用盗版图书活动，敬请广大读者协助举报，经查实将给予举报者奖励。
举报电话：（010）64954652

"安全与应急科普丛书"编委会

主　　任：佟瑞鹏

委　　员：尘兴邦　王　乾　王宇昊　董秉聿
　　　　　袁嘉淙　胡向阳　王冬冬　王　彪
　　　　　李　铭　王登辉　李宝昌　姚泽旭
　　　　　高　宁　刘　晓　刘　娇　王小龙
　　　　　杨校毅　杨雪松　范冰倩　张　燕
　　　　　周晓凤　孙　浩　张渤苓　王露露
　　　　　王乐瑶　张东许　王一然　曹兰欣
　　　　　赵　旭　郭子萌　李子琪　王　祎
　　　　　宫世吉　孙宁昊　姚健庭　王思夏
　　　　　刘兰亭　雷达晨　张姜博南

本书主编：王冬冬

副 主 编：尘兴邦　张渤苓

内容简介

本书旨在对企业从业人员进行工伤保险和工伤预防相关知识的普及性教育，使他们能够了解自身在从事生产劳动过程中，依法应该取得的工伤保险和工伤预防方面的权利，同时应该承担和应尽的安全生产法律责任和义务。

本书紧扣安全生产、职业病防治、工伤保险等相关法律法规，详细介绍了职工在生产过程中应该了解的工伤保险和工伤预防基础知识。本书内容主要包括工伤保险、工伤预防管理、安全生产常识、工伤事故预防、职业病防治、劳动防护用品配置、工伤事故应急救援与现场处置等知识。

本书内容丰富，层次清楚，所写知识典型性、通用性强，可作为相关行业管理部门和用人单位开展工伤保险与工伤预防知识科普工作使用，也可作为广大职工群众增强工伤预防意识、提高工伤预防素质的普及性学习读物。

目 录

第1章 工伤保险

1. 工伤 / 002
2. 工伤保险 / 002
3. 我国工伤保险制度的适用范围 / 007
4. 工伤保险基金 / 008
5. 工伤认定 / 009
6. 劳动能力鉴定 / 012
7. 工伤保险待遇 / 014
8. 劳动合同 / 019
9. 从业人员的安全生产权益 / 023

第2章 工伤预防管理

10. 工伤预防的概念 / 028
11. 工伤预防的作用 / 029
12. 为什么要做好工伤预防 / 030
13. 工伤预防要杜绝的不安全行为 / 031
14. 工伤预防要避免的不安全心理 / 032
15. 职工工伤保险和工伤预防的权利 / 033
16. 职工工伤保险和工伤预防的义务 / 034

17. 工伤预防措施 / 035

18. 工伤康复 / 039

第3章 安全生产常识

19. 安全与事故 / 042

20. 危险源与重大危险源 / 044

21. 安全色 / 045

22. 安全标志 / 046

23. 安全生产的重要意义 / 047

24. 安全生产方针 / 048

25. 安全生产政策 / 050

26. 安全生产法 / 053

27. 职业病防治法 / 056

28. 安全教育和培训 / 058

29. 安全管理 / 061

第4章 工伤事故预防

30. 机械事故预防 / 064

31. 起重事故预防 / 067

32. 电气事故预防 / 069

33. 焊接切割事故预防 / 071

34. 危险化学品事故预防 / 074

35. 厂内车辆伤害预防 / 078

36. 物体打击事故预防 / 080

37. 火灾、爆炸事故预防 / 081

38. 坍塌事故预防 / 084

39. 高处作业事故预防 / 085

40. 矿山事故预防 / 087

第 5 章 职业病防治

41. 职业病的概念 / 092

42. 职业病分类 / 092

43. 职业病危害因素及其分类 / 093

44. 各行业职业病危害因素 / 095

45. 导致职业病发生的主要条件 / 099

46. 职业病预防原则 / 100

47. 职业病危害因素防治 / 101

48. 从业人员职业卫生权利和义务 / 108

第 6 章 劳动防护用品配置

49. 劳动防护用品的分类 / 112

50. 特种劳动防护用品 / 113

51. 劳动防护用品的作用 / 114

52. 劳动防护用品的特点 / 115

53. 常见劳动防护用品的正确使用 / 116

54. 劳动防护用品使用的注意事项 / 119

55. 从业人员配备劳动防护用品的义务 / 120

56. 劳动防护用品的管理 / 121

第 7 章 工伤事故应急救援与现场处置

57. 事故应急救援 / 124

58. 事故应急救援与处置程序 / 126

59. 灾害事故的避险与逃生／127

60. 事故现场急救基本技术／133

61. 意外触电事故急救措施／137

62. 化学品烧伤急救措施／138

63. 化学品中毒急救措施／139

64. 中暑急救措施／140

65. 食物中毒急救措施／141

66. 淹溺事故急救措施／142

67. 高处坠落急救措施／144

68. 眼部受伤急救措施／145

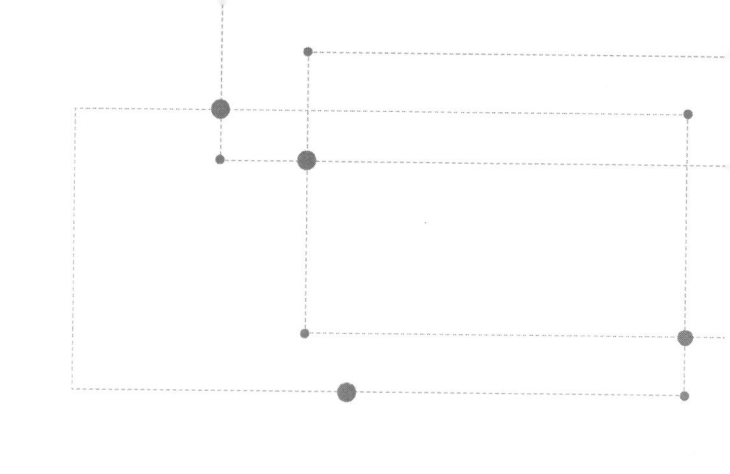

第1章

工伤保险

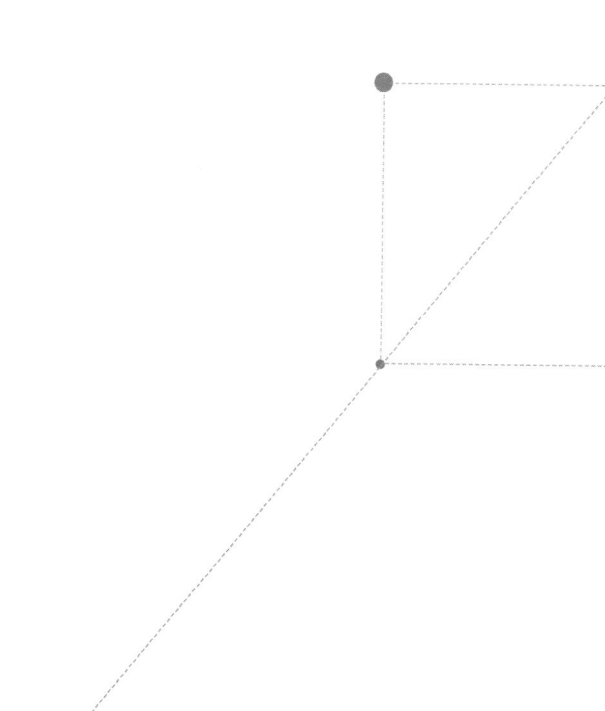

1. 工伤

根据国际劳工大会历年来通过的有关公约规定，工伤是指"由于工作直接或间接引起的事故"。最初工伤的范围不包括职业病，随着时间的推移，各国逐渐开始将职业病也纳入工伤范畴，并以国际公约的形式确定了现在的工伤概念。因此可以将工伤定义为：用人单位职工在生产岗位上，从事与生产劳动有关的工作中，发生的人身伤害事故、急性中毒事故。职工即使不是在生产劳动岗位上，而是由于用人单位设施不安全或劳动条件、作业环境不良而引起的人身伤害事故，也属于工伤。

2. 工伤保险

（1）工伤保险的概念

工伤保险是社会保险的一个重要组成部分，它通过社会统筹建立工伤保险基金，使职工在生产经营活动或在规定的某些情况下遭受意外伤害、职业病以及因这两种情况造成死亡或暂时或永久丧失劳动能力时，工伤职工或工亡职工近亲属能够从国家、社会得到必要的物质补偿，以保障工伤职工或工亡职工近亲属的基本生活，以及为工伤职工提供必要的医疗救治和康复服务。工伤保险保障了工伤职工的合法权益，有利于妥善处理事故和恢复生产，维护正常的生产、生活秩序，维护社会安定。

工伤保险有四大基本特征：

1）强制性

国家立法强制法律适用的用人单位、职工必须参加工伤保险。

2）非营利性

参加工伤保险是用人单位依法应当该履行的社会责任，也是职工应该享受的基本权利。

3）保障性

在职工发生工伤事故后，应当依法对工伤职工或工亡职工近亲属发放工伤保险待遇，保障其生活。

4）互助互济性

通过强制征收工伤保险费，建立工伤保险基金，在人员之间、地区之间、行业之间对费用实行再分配，调剂使用基金。

【知识拓展】

《工伤保险条例》于2003年4月27日由国务院令第375号公布，自2004年1月1日起实施。2010年12月8日，国务院第136次常务会议通过《国务院关于修改〈工伤保险条例〉的决定》，由国务院令第586号公布，自2011年1月1日起施行。现行《工伤保险条例》共分八章六十七条，包括第一章总则，第二章工伤保险基金，第三章工伤认定，第四章劳动能力鉴定，第五章工伤保险待遇，第六章监督管理，第七章法律责任，第八章附则。

(2) 工伤保险的作用

1) 工伤保险对用人单位的作用

第一,工伤保险保护了用人单位,尤其是资金不足的小型用人单位。因为工伤保险具有互助互济的特点,它统一筹措资金,分担风险,所以对于用人单位,尤其是资金紧张的用人单位,当遇上一个重大的工伤事故、需要支付高额补偿费时,由社会保险机构在社会范围内调剂基金进行支付,将弥补用人单位资金的不足,可以把工伤给用人单位带来的风险降到最低。

第二,工伤保险有利于促进用人单位安全生产。工伤保险通过与改善劳动条件、安全教育、职业病预防宣传、医疗康复等措施相结合,可以提高劳动者的安全意识,减少工伤事故发生率,减少给用人单位带来的经济损失。

2) 工伤保险对社会、国家的作用

工伤保险保障了工伤职工或工亡职工近亲属的基本生活需要,防止少数人陷入贫困,也促进了工伤事故的妥善处理,减少了劳动争议,对用人单位的正常生产起到了保障作用,最终将调节社会关系,维护社会稳定。目前加强经济建设、发展生产力是我国的首要任务,随着生产领域不断扩展,就业人数不断增加,工伤事故有不断增加的趋势,因此,为了经济的正常发展和社会的稳定,应该实行和完善工伤保险制度。

(3) 工伤保险的基本原则

工伤保险是在世界上出现最早的一种社会保险,各国有关工伤保险的立法也是最为完善、最为普遍的。各国实行工伤保险主要遵循以下原则:

1）强制性原则

由于工伤会给职工带来痛苦，给家庭带来不幸，也对用人单位乃至国家不利，因此国家通过立法，强制实行工伤保险制度，规定覆盖范围内的用人单位必须依法参加工伤保险并履行缴费义务。

2）无过错补偿原则

工伤事故发生后，不管过错在谁，工伤职工或工亡职工近亲属均可获得补偿，以保障工伤职工能够及时获得救治，并保障工伤职工或工亡职工近亲属的基本生活。但这并不妨碍有关部门对事故责任人的追究，以防止类似事故的重复发生。

3）个人不缴费原则

个人不缴费原则是工伤保险与养老保险、医疗保险、失业保险等其他社会保险项目的不同之处。由于职业伤害是在工作过程中造成的，劳动力是生产的要素，职工为用人单位创造财富的同时付出了代价，所以理应由用人单位缴纳全部工伤保险费，职工个人不缴纳任何费用。

4）风险分担、互助互济原则

通过法律强制征收工伤保险费，建立工伤保险基金，采取互助互济的方法，分散风险，缓解用人单位、职工因工伤事故或职业病所产生的负担，从而减少社会矛盾。

5）实行行业差别费率和浮动费率原则

为强化不同行业的工伤风险类别及其相对应的雇主责任，充分发挥缴费费率的经济杠杆作用，促进工伤预防，减少工伤事故，工伤保险实行行业差别费率，并根据用人单位工伤保险支缴率和工伤事故发生率等因素实行浮动费率。

6）预防、补偿与康复相结合的原则

工伤预防、工伤补偿与工伤康复三者是密切相连的，构成了工伤保险制度的三个支柱。工伤预防是工伤保险制度的重要内容，工伤保险制度致力于采取各种措施，以减少和预防事故的发生。工伤事故发生后，及时对工伤职工予以医治并给予经济补偿，使工伤职工本人或其近亲属生活得到一定的保障，是工伤保险制度的基本功能。同时，要及时对工伤职工进行医学康复和职业康复，使其尽可能恢复或部分恢复劳动能力，具备从事某种职业的能力，能够自食其力，这可以减少人力资源和社会资源的浪费。

7）一次性补偿与长期补偿相结合原则

对工伤职工或工亡职工的近亲属，工伤保险待遇实行一次性补偿与长期补偿相结合的办法。如对伤残等级一级至六级的职工、工亡职工的近亲属，工伤保险基金及用人单位一般在支付一次性补偿项目的同时，还按月支付长期待遇，直至其失去享受该待遇的条件为止。这种一次性和长期补偿相结合的补偿方法，可以长期、有效地保障工伤职工及工亡职工近亲属的基本生活。

（4）工伤保险制度实施的意义

工伤保险制度的贯彻实施，对职工的意义主要有以下三点：

1）工伤保险保障了职工在工作中遭受事故伤害和患职业病后获得医疗救治、经济补偿和职业康复的权利，是维护职工合法权益的必要措施。

2）工伤保险保障了职工发生工伤后，职工本人或其近亲属在生活发生困难时的基本生活需要,防止受工伤的职工或其近亲属陷入贫困状况,在一定程度上解除了职工及其近亲属的后顾之忧。

3)工伤保险保障了受伤害职工或其近亲属的合法权益,是对职工所作的社会贡献的肯定,有利于增强职工的工作积极性。

3. 我国工伤保险制度的适用范围

《工伤保险条例》第二条规定,中华人民共和国境内的企业、事业单位、社会团体、民办非企业单位、基金会、律师事务所、会计师事务所等组织和有雇工的个体工商户(统称为用人单位)应当依照本条例规定参加工伤保险,为本单位全部职工或者雇工(统称为职工)缴纳工伤保险费。中华人民共和国境内的企业、事业单位、社会团体、民办非企业单位、基金会、律师事务所、会计师事务所等组织的职工和个体工商户的雇工,均有依照本条例的规定享受工伤保险待遇的权利。

该条所规定的"企业",包括在中国境内的所有形式的企业,按照所有制划分,有国有企业、集体所有制企业、私营企业、外资企业;按照所在地域划分,有城镇企业、乡镇企业;按照企业的组织结构划分,有公司、合伙企业、个人独资企业、股份制企业等。

4. 工伤保险基金

工伤保险基金是指为了保障参保职工享受工伤保险待遇的权益，按照国家法律法规的规定，由依法应参加工伤保险的用人单位按缴费基数的一定比例缴纳以及通过其他合法方式筹集的用于工伤保险或者其他依法应当纳入工伤保险基金的其他资金构成的专项资金，是社会保险基金中的一个重要组成部分。

工伤保险基金是实现工伤保险功能的基础。要保证工伤保险制度顺利实施，必须有稳定的基金作保障。工伤保险基金由用人单位缴纳的工伤保险费、工伤保险基金的利息和依法纳入工伤保险基金的其他资金组成。其中，工伤保险费是工伤保险基金的主要来源。凡是纳入工伤保险参保范围的用人单位都应当按照规定，及时足额缴纳职工的工伤保险费，以保障工伤保险基金的支付能力，切实保障工伤职工及时获得医疗救治和经济补偿，从而使任何参保的并且发生了工伤事故的用人单位都能够及时使用筹集到的工伤保险基金，不因单位需要支付的工伤津贴过多而陷入困境，最有效地促进"分散风险负担，互偿灾害损失"这一重要社会保险原则的实现，体现出社会保险"互助共济"的性质。

5. 工伤认定

（1）工伤认定的概念

工伤认定是指社会保险行政部门根据工伤保险法律法规及相关政策的规定，确定职工受到的伤害按照规定是否属于应当认定为工伤或视同工伤的情形。工伤认定的职能部门是统筹地区的社会保险行政部门。

（2）应当认定为工伤或视同工伤的情形

《工伤保险条例》对工伤的认定作出了明确规定。职工有下列情形之一的，应当认定为工伤：

1）在工作时间和工作场所内，因工作原因受到事故伤害的。

2）工作时间前后在工作场所内，从事与工作有关的预备性或者收尾性工作受到事故伤害的。

3）在工作时间和工作场所内，因履行工作职责受到暴力等意外伤害的。

4）患职业病的。

5）因工外出期间，由于工作原因受到伤害或者发生事故下落不明的。

6）在上下班途中，受到非本人主要责任的交通事故或者城市轨道交通、客运轮渡、火车事故伤害的。

7）法律、行政法规规定应当认定为工伤的其他情形。

职工有下列情形之一的,视同工伤:

1)在工作时间和工作岗位,突发疾病死亡或者在48小时之内经抢救无效死亡的。

2)在抢险救灾等维护国家利益、公共利益活动中受到伤害的。

3)职工原在军队服役,因战、因公负伤致残,已取得革命伤残军人证,到用人单位后旧伤复发的。

职工有上述第1)项、第2)项情形的,按照《工伤保险条例》有关规定享受工伤保险待遇;职工有上述第3)项情形的,按照《工伤保险条例》的有关规定享受除一次性伤残补助金以外的工伤保险待遇。

(3) 不得认定为工伤或视同工伤的情形

职工符合前述规定,但是有下列情形之一的,不得认定为工伤或者视同工伤:

1)故意犯罪的。

2)醉酒或者吸毒的。

3)自残或者自杀的。

【知识拓展】

田某在某市铸造厂从事铸造工作。一天,车间主任派他到该厂另一车间拿工具。在返回工作岗位途中,田某被该厂建筑工地坠落的砖块砸伤头部,当即被送往医院救治,后被诊断为脑挫裂伤。出院后,田某向单位申请工伤保险待遇,但是单位认为他不是在本职岗位受伤,因此不能享受工伤保险待遇。田某遂向当地社会保险行政部门投诉,要求认定其为工伤。

当地社会保险行政部门经调查后认为，虽然田某的致伤地点不在本职岗位上，但他是受领导（车间主任）指派离开本职岗位到另一车间拿工具的，故其受伤地点应属于工作场所。这一事故具有一般工伤事故应具备的"三工"要素，即在工作时间、工作地点，因工作原因而受伤。因此，当地社会保险行政部门认定田某为工伤，单位应当按规定给予田某相关工伤保险待遇。

（4）申请工伤认定的主要流程

1) 发生工伤

职工遭遇工伤事故受伤，或被诊断为职业病。

2) 提出工伤认定申请

职工所在单位应当自职工事故伤害发生之日或者职工被诊断、鉴定为职业病之日起 30 日内，向统筹地区社会保险行政部门提出工伤认定申请。

提示：用人单位未按规定提出工伤认定申请的，工伤职工或者其近亲属、工会组织在事故伤害发生之日或者被诊断、鉴定为职业病之日起 1 年内，可以直接向用人单位所在地统筹地区社会保险行政部门提出工伤认定申请。

3) 备齐申请材料

①工伤认定申请表。

②与用人单位存在劳动关系（包括事实劳动关系）的证明材料。

③医疗诊断证明或者职业病诊断证明书（或者职业病诊断鉴定书）。

工伤认定申请表应当包括事故发生的时间、地点、原因以及职工所受伤害程度等基本情况。

4）社会保险行政部门受理

申请材料完整，属于社会保险行政部门管辖范围且在受理时效内的，应当受理。申请材料不完整的，社会保险行政部门应当一次性书面告知工伤认定申请人需要补正的全部材料。

5）作出工伤认定

社会保险行政部门应当自受理工伤认定申请之日起 60 日内作出工伤认定的决定，并书面通知申请工伤认定的职工或者其近亲属和该职工所在单位。

6. 劳动能力鉴定

（1）劳动能力鉴定的概念

劳动能力鉴定是指职工因工负伤或者患职业病，导致本人劳动与生活能力受到影响，由劳动能力鉴定委员会组织劳动能力鉴定医学专家，根据国家制定的评残标准，按照工伤保险的有关政策，运用医学科学技术的方法和手段，确定职工劳动功能障碍程度和生活自理障碍程度的一种综合评定制度。劳动功能障碍分为十个伤残等级，最重的为一级，最轻的为十级。生活自理障碍分为三个等级：生活完全不能自理、生活大部分不能自理和生活部分不能自理。

（2）申请劳动能力鉴定的条件

工伤职工申请进行劳动能力鉴定，应当符合以下条件：

1）经过治疗后,伤情处于相对稳定状态,这样便于劳动能力鉴定委员会聘请的医疗专家对伤情进行评定。

2）职工经过治疗后,确认是因工伤原因造成职工身体上的残疾或者患职业病。

3）工伤职工的残疾对今后的工作、生活将产生直接影响,并且伤残的程度已经影响到职工本人的劳动能力。

(3) 劳动能力鉴定的申请流程

职工发生工伤,经治疗伤情相对稳定后存在残疾、影响劳动能力的,应当进行劳动能力鉴定。劳动能力鉴定的申请流程如下:

1）备齐材料,提出申请

劳动能力鉴定由用人单位、工伤职工或者其近亲属向设区的市级劳动能力鉴定委员会提出申请,并提供工伤认定决定和职工工伤医疗的有关资料。

2）接受申请,作出鉴定结论

设区的市级劳动能力鉴定委员会应当自收到劳动能力鉴定申请之日起60日内作出劳动能力鉴定结论,必要时,作出劳动能力鉴定结论的期限可以延长30日。劳动能力鉴定结论应当及时送达申请鉴定的单位和个人。

3）存在异议,可向上级部门提出再次鉴定申请

申请鉴定的单位或者个人对设区的市级劳动能力鉴定委员会作出的鉴定结论不服的,可以在收到该鉴定结论之日起15日内向省、自治区、直辖市劳动能力鉴定委员会提出再次鉴定申请。省、自治区、直辖市劳动能力鉴定委员会作出的劳动能力鉴定结论为最终结论。

4）伤残情况发生变化，可申请劳动能力复查鉴定

自劳动能力鉴定结论作出之日起 1 年后，工伤职工或者其近亲属、所在单位或者经办机构认为伤残情况发生变化的，可以申请劳动能力复查鉴定。

7. 工伤保险待遇

（1）工伤治疗期间的待遇

1）工伤医疗及康复待遇

工伤医疗及康复待遇包括工伤治疗及相关补助待遇、工伤康复待遇、辅助器具的安装配置待遇等。

2）停工留薪期待遇

职工因工作遭受事故伤害或者患职业病需要暂停工作接受工伤医疗的，在停工留薪期内，原工资福利待遇不变，由所在单位按月支付。停工留薪期一般不超过 12 个月。伤情严重或者情况特殊，经设区的市级劳动能力鉴定委员会确认，可以适当延长，但延长不得超过 12 个月。工伤职工评定伤残等级后，停发原待遇，按照《工伤保险条例》的有关规定享受伤残待遇。工伤职工在停工留薪期满后仍需治疗的，继续享受工伤医疗待遇。生活不能自理的工伤职工在停工留薪期需要护理的，由所在单位负责。

3）生活护理待遇

工伤职工已经评定伤残等级并经劳动能力鉴定委员会确认需要生活护理的，从工伤保险基金中按月支付生活护理费。生

活护理费按照生活完全不能自理、生活大部分不能自理和生活部分不能自理3个不同等级支付,其标准分别为统筹地区上年度职工月平均工资的50%、40%和30%。

(2) 各级伤残职工工伤的待遇

1) 一级至四级

职工因工致残被鉴定为一级至四级伤残的,保留劳动关系,退出工作岗位,享受以下待遇:

①从工伤保险基金中按伤残等级支付一次性伤残补助金,标准为:一级伤残为27个月的本人工资,二级伤残为25个月的本人工资,三级伤残为23个月的本人工资,四级伤残为21个月的本人工资。

②从工伤保险基金中按月支付伤残津贴,标准为:一级伤残为本人工资的90%,二级伤残为本人工资的85%,三级伤残为本人工资的80%,四级伤残为本人工资的75%。伤残津贴实际金额低于当地最低工资标准的,由工伤保险基金补足差额。

③工伤职工达到退休年龄并办理退休手续后,停发伤残津贴,按照国家有关规定享受基本养老保险待遇。基本养老保险待遇低于伤残津贴的,由工伤保险基金补足差额。

职工因工致残被鉴定为一级至四级伤残的,由用人单位和职工个人以伤残津贴为基数缴纳基本医疗保险费。

2) 五级至六级

职工因工致残被鉴定为五级、六级伤残的,享受以下待遇:

①从工伤保险基金中按伤残等级支付一次性伤残补助金,

标准为：五级伤残为18个月的本人工资，六级伤残为16个月的本人工资。

②保留与用人单位的劳动关系，由用人单位安排适当工作。难以安排工作的，由用人单位按月发给伤残津贴，标准为：五级伤残为本人工资的70%，六级伤残为本人工资的60%，并由用人单位按照规定为其缴纳应缴纳的各项社会保险费。伤残津贴实际金额低于当地最低工资标准的，由用人单位补足差额。

经工伤职工本人提出，该职工可以与用人单位解除或者终止劳动关系，由工伤保险基金支付一次性工伤医疗补助金，由用人单位支付一次性伤残就业补助金。一次性工伤医疗补助金和一次性伤残就业补助金的具体标准由省、自治区、直辖市人民政府规定。

3）七级至十级

职工因工致残被鉴定为七级至十级伤残的，享受以下待遇：

①从工伤保险基金中按伤残等级支付一次性伤残补助金，标准为：七级伤残为13个月的本人工资，八级伤残为11个月的本人工资，九级伤残为9个月的本人工资，十级伤残为7个月的本人工资。

②劳动、聘用合同期满终止，或者职工本人提出解除劳动、聘用合同的，由工伤保险基金支付一次性工伤医疗补助金，由用人单位支付一次性伤残就业补助金。一次性工伤医疗补助金和一次性伤残就业补助金的具体标准由省、自治区、直辖市人民政府规定。

(3) 几种特殊情况下的工伤保险待遇规定

1) 工伤复发待遇

工伤职工工伤复发，确认需要治疗的，再次享受初次工伤关于治疗工伤、配置辅助器材和工伤治疗期间的工伤待遇。

2) 再次工伤待遇

职工再次发生工伤，与工伤复发不同，它是指工伤职工遭受两次或两次以上的事故伤害或患职业病，加剧了工伤职工的病情。这类人群在治疗后，需要经过劳动能力鉴定委员会重新评定伤残等级，根据规定应当享受伤残津贴的，按照新认定的伤残等级享受伤残津贴待遇。

3) 停止享受工伤待遇的情形

工伤职工有下列情形之一的，停止享受工伤保险待遇：

①丧失享受待遇条件的。

②拒不接受劳动能力鉴定的。

③拒绝治疗的。

4) 因工死亡待遇

职工因工死亡，其近亲属按照下列规定从工伤保险基金领取丧葬补助金、供养亲属抚恤金和一次性工亡补助金：

①丧葬补助金为6个月的统筹地区上年度职工月平均工资。

②供养亲属抚恤金按照职工本人工资的一定比例发给由因工死亡职工生前提供主要生活来源、无劳动能力的亲属。标准为：配偶每月40%，其他亲属每人每月30%，孤寡老人或者孤儿每人每月在上述标准的基础上增加10%。核定的各供养亲属的抚恤金之和不应高于因工死亡职工生前的工资。供养亲

属的具体范围由国务院社会保险行政部门规定。

③一次性工亡补助金标准为上一年度全国城镇居民人均可支配收入的 20 倍。

5) 下落不明待遇

职工因工外出期间发生事故或者在抢险救灾中下落不明的，从事故发生当月起 3 个月内照发工资，从第 4 个月起停发工资，由工伤保险基金向其供养亲属按月支付供养亲属抚恤金。生活有困难的，可以预支一次性工亡补助金的 50%。职工被人民法院宣告死亡的，按照因工死亡的规定处理。

用人单位分立、合并、转让的，承继单位应当承担原用人单位的工伤保险责任；原用人单位已经参加工伤保险的，承继单位应当到当地经办机构办理工伤保险变更登记；用人单位实行承包经营的，工伤保险责任由职工劳动关系所在单位承担。

职工在被借调期间受到工伤事故伤害的，由原用人单位承担工伤保险责任，但原用人单位与借调单位可以约定补偿办法。企业破产的，在破产清算时依法拨付应当由单位支付的工伤保险待遇费用。

职工被派遣出境工作，依据前往国家或者地区的法律应当参加当地工伤保险的，应当及时参加当地工伤保险，其国内工伤保险关系中止；不能参加当地工伤保险的，其国内工伤保险关系不中止。

8. 劳动合同

(1) 劳动合同的内容

建立劳动关系，应当订立书面劳动合同。已建立劳动关系，未同时订立书面劳动合同的，应当自用工之日起一个月内订立书面劳动合同。用人单位与劳动者在用工前订立劳动合同的，劳动关系自用工之日起建立。用人单位自用工之日起超过一个月不满一年未与劳动者订立书面劳动合同的，应当依照《劳动合同法》的规定向劳动者每月支付两倍的工资，并与劳动者补订书面劳动合同；劳动者不与用人单位订立书面劳动合同的，用人单位应当书面通知劳动者终止劳动关系并依照《劳动合同法》的规定支付经济补偿。

劳动合同分为固定期限劳动合同、无固定期限劳动合同和以完成一定工作任务为期限的劳动合同。

固定期限劳动合同，是指用人单位与劳动者约定合同终止时间的劳动合同。

无固定期限劳动合同，是指用人单位与劳动者约定无确定终止时间的劳动合同。用人单位与劳动者协商一致，可以订立无固定期限劳动合同。有下列情形之一，劳动者提出或者同意续订、订立劳动合同的，除非劳动者提出订立固定期限劳动合同，都应当订立无固定期限劳动合同：劳动者在该用人单位连续工作满10年的；用人单位初次实行劳动合同制度或者国有企业改制重新订立劳动合同时，劳动者在该用人单位连续工作满10年且距法定退休年龄不足10年的；连续订立两次固定期限劳动合同，且劳动者没有法律规定违法违规的情形，续订劳动合同的。

劳动合同由用人单位与劳动者协商一致，并经用人单位与劳动者在劳动合同文本上签字或者盖章生效。劳动合同文本由用人单位和劳动者各执一份。

劳动合同在内容上应当具备以下条款：用人单位的名称、住所和法定代表人或者主要负责人；劳动者的姓名、住址和居民身份证或者其他有效身份证件号码；劳动合同期限；工作内容和工作地点；工作时间和休息休假；劳动报酬；社会保险；劳动保护、劳动条件和职业危害防护；法律法规规定应当纳入劳动合同的其他事项。

劳动合同除上述规定的必备条款外，用人单位与劳动者可以约定试用期、培训、保守秘密、补充保险和福利待遇等其他事项。

（2）劳动合同的变更、解除和终止

劳动合同的变更是指劳动合同依法订立后，在合同尚未履行或者尚未履行完毕之前，经用人单位和劳动者双方当事人协商同意，对劳动合同内容作部分修改、补充或者删减的法律行为。劳动合同的变更是原劳动合同的派生，是双方已存在的劳动权利和义务关系的发展。双方当事人可以依据有关法律法规的规定，经协商一致，就劳动合同的部分条款进行修改、补充或者删减，对双方权利和义务关系重新进行调整和规定，使劳动合同适应变化发展的新情况，从而保证劳动合同的继续履行。

劳动合同的变更是在原合同的基础上对原劳动合同内容作部分修改、补充或者删减，而不是签订新的劳动合同。原劳动合同未变更的部分仍然有效，变更后的内容取代了原合同的相关内容，新达成的变更协议条款与原合同中其他条款具有同等法律效力，对双方当事人都有约束力。

劳动合同的解除，是指劳动合同在订立以后，尚未履行完毕或者未全部履行以前，由于合同双方或者单方的法律行为导致双方当事人提前消灭劳动关系的法律行为，可分为协商解除、法定解除和约定解除3种情况。

协商解除是指在双方自愿、平等协商的基础上达成一致意见，可以不受劳动合同中约定的终止的时间条件限制。如果用人单位提出解除劳动合同的，应依法向劳动者支付经济补偿金。用人单位违反法律规定解除或者终止劳动合同的，首先要保护劳动者的合法劳动权益，使劳动关系"恢复原状"，不能让用人单位从违法行为中获益。同时考虑到实际情况，应尊重劳动者是否选择继续劳动合同。如果劳动者认为继续履行劳动合同实际困难太大，不要求继续履行劳动合同的，劳动合同可以解除或者终止，同时用人单位应当依法支付赔偿金。

劳动合同终止是指劳动合同的法律效力依法被消灭，即劳动关系由于一定法律事实的出现而终结，劳动者与用人单位之间原有的权利义务不再存在。但是，劳动合同终止，原有的权利和义务不再存在，并不是说劳动合同终止之前发生的权利和义务关系消灭，而是说合同终止之后，双方不再执行原劳动合同中约定的事项。如果用人单位在合同终止前拖欠劳动者工资的，劳动合同终止后劳动者仍可依法请求法律救济。

有下列情形之一的，劳动合同终止：劳动合同期满的；劳动者开始依法享受基本养老保险待遇的；劳动者死亡，或者被人民法院宣告死亡或者宣告失踪的；用人单位被依法宣告破产的；用人单位被吊销营业执照、责令关闭、撤销或者用人单位决定提前解散的；法律、行政法规规定的其他情形。

(3) 签订劳动合同时的注意事项

职工在上岗前应和用人单位依法签订劳动合同，建立明确的劳动关系，确定双方的权利和义务。关于劳动保护和安全生产，在签订劳动合同时应注意两方面的问题：一是在合同中要载明保障职工劳动安全、防止职业危害的事项；二是在合同中要载明依法为职工办理工伤保险的事项。遇有以下合同不要签：

1）"生死合同"

在危险性较高的行业，用人单位往往在合同中写上一些逃避责任的条款，典型的如"发生伤亡事故，单位概不负责"。

2）"暗箱合同"

这类合同隐瞒工作过程中的职业危害，或者采取欺骗手段剥夺职工的合法权利。

3）"霸王合同"

有的用人单位与职工签订劳动合同时，只强调自身的利益，无视职工依法享有的权益，不容许职工提出意见，甚至规定"本合同条款由用人单位解释"等。

4）"卖身合同"

这类合同要求职工无条件听从用人单位安排，用人单位可以任意安排加班加点，强迫劳动，使职工完全失去人身自由。

5）"双面合同"

一些用人单位在与职工签订合同时准备了两份合同，一份合同用来应付有关部门的检查，另一份合同用来约束职工。

【知识拓展】

《安全生产法》规定，生产经营单位与从业人员订立的劳动合同，应当载明有关保障从业人员劳动安全、防止职业危害的事项，以及依法为从业人员办理工伤保险的事项。生产经营单位不得以任何形式与从业人员订立协议，免除或者减轻其对从业人员因生产安全事故伤亡依法应承担的责任。

9. 从业人员的安全生产权益

（1）生产经营单位安全生产的责任

1）组织贯彻落实安全生产的法律、法规和规程、标准，建立和落实生产经营单位内部以法定代表人为核心的安全生产责任制。

2）建立健全安全生产管理机构，明确分管领导，配备与工作需要相适应的专、兼职安全生产管理人员。

3）保证安全生产的资金投入，及时排查整改消除事故隐患，加强对重大危险源的监控与管理。

4）保证建设工程项目安全设施"三同时"（建设项目的安全设施与主体工程同时设计、同时施工、同时投入生产和使用），保证本单位具备国家规定的基本安全生产条件，依法取得安全生产许可证。

5）组织制订和实施安全生产中长期规划和年度计划。

6）组织开展从业人员安全生产教育培训，保证培训时间，保证从业人员具备必要的安全生产知识，熟悉有关安全生产规章制度和操作规程，掌握安全操作技能，保证特殊作业人员持证上岗；为职工提供并监督、教育职工使用符合国家或行业标准的劳动防护用品；为职工缴纳工伤保险费。

7）积极采用先进适用的安全生产技术、工艺、设备，不断提高和改善劳动条件，保证安全设施稳定运行，保证特种设备经检测检验合格、取得安全使用证或安全标志。

【知识拓展】

生产经营单位还应当承担的安全生产责任包括，建立应急救援组织或指定专、兼职的应急救援人员，配备必要的应急救援器材、设备并保证正常运转；切实发挥工会在安全生产中的民主管理和民主监督作用。

(2) 女职工依法享有的特殊劳动保护权利

女职工的身体结构和生理特点决定其应受到特殊劳动保护。女职工的体力一般比男职工差，特别是女职工在"五期"（经期、孕期、产期、哺乳期、围绝经期）有特殊的生理变化现象，所以女职工对工业生产过程中的有毒有害因素一般比男职工更敏感。另外，高噪声环境、剧烈振动、放射性物质等都会对女性生殖系统和身体产生有害影响。因此，要做好和加强女职工的特殊劳动保护工作，避免和减少生产劳动过程给女职工带来的危害。

《女职工劳动保护特别规定》经 2012 年 4 月 18 日国务院

第 200 次常务会议通过,由国务院令第 619 号公布施行。该规定对女职工的特殊劳动保护作出以下要求:

1)用人单位应当加强女职工劳动保护,采取措施改善女职工劳动安全卫生条件,对女职工进行劳动安全卫生知识培训。

2)用人单位应当遵守女职工禁忌从事的劳动范围的规定。用人单位应当将本单位属于女职工禁忌从事的劳动范围的岗位书面告知女职工。

3)用人单位不得因女职工怀孕、生育、哺乳降低其工资、予以辞退、与其解除劳动或者聘用合同。

4)女职工在孕期不能适应原劳动的,用人单位应当根据医疗机构的证明,予以减轻劳动量或者安排其他能够适应的劳动。对怀孕 7 个月以上的女职工,用人单位不得延长劳动时间或者安排夜班劳动,并应当在劳动时间内安排一定的休息时间。怀孕女职工在劳动时间内进行产前检查,所需时间计入劳动时间。

5)女职工生育享受 98 天产假,其中产前可以休假 15 天;难产的,增加产假 15 天;生育多胞胎的,每多生育 1 个婴儿,增加产假 15 天。女职工怀孕未满 4 个月流产的,享受 15 天产假;怀孕满 4 个月流产的,享受 42 天产假。

6)女职工产假期间的生育津贴,对已经参加生育保险的,按照用人单位上年度职工月平均工资的标准由生育保险基金支付;对未参加生育保险的,按照女职工产假前工资的标准由用人单位支付。女职工生育或者流产的医疗费用,按照生育保险规定的项目和标准,对已经参加生育保险的,由生育保险基金支付;对未参加生育保险的,由用人单位支付。

7) 对哺乳未满1周岁婴儿的女职工，用人单位不得延长劳动时间或者安排夜班劳动。用人单位应当在每天的劳动时间内为哺乳期女职工安排1小时哺乳时间；女职工生育多胞胎的，每多哺乳1个婴儿每天增加1小时哺乳时间。

8) 女职工比较多的用人单位应当根据女职工的需要，建立女职工卫生室、孕妇休息室、哺乳室等设施，妥善解决女职工在生理卫生、哺乳方面的困难。

9) 在劳动场所，用人单位应当预防和制止对女职工的性骚扰。

10) 用人单位违反有关规定，侵害女职工合法权益的，女职工可以依法投诉、举报、申诉，依法向劳动人事争议调解仲裁机构申请调解仲裁，对仲裁裁决不服的，可以依法向人民法院提起诉讼。

(3) 未成年工享有特殊劳动保护权利的原因

未成年工依法享有特殊劳动保护的权利。这是针对未成年工处于生长发育期的特点所采取的特殊劳动保护措施。

未成年工处于生长发育期，身体机能尚未健全，也缺乏生产知识和生产技能，过重及过度紧张的劳动、不良的工作环境、不适的劳动工种或劳动岗位，都会对他们产生不利影响，如果劳动过程中不进行特殊保护就会损害他们的身体健康。

例如，未成年少女长期从事负重作业和立位作业，会影响其骨盆正常发育及今后的生育系统功能，使难产发病率增高；未成年工对生产性毒物敏感性较高，长期从事有毒有害作业易引起职业中毒，影响其成长发育。

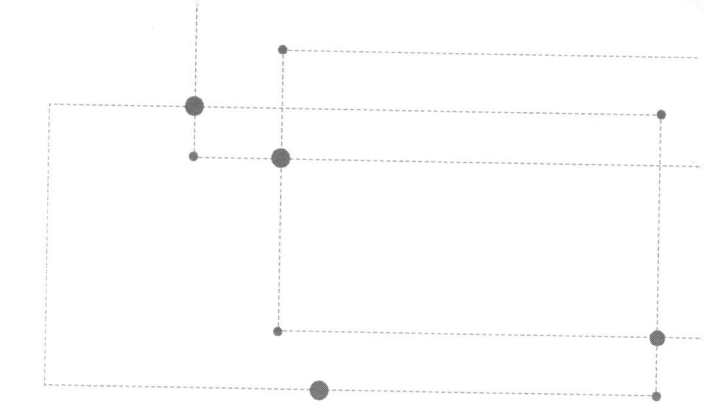

第 2 章

工伤预防管理

10. 工伤预防的概念

什么是工伤预防？工伤预防的目的是什么？这是工伤预防工作首先要回答的问题。所谓"预防"，就是预先防范未发生的情况。因此，工伤预防即预先防范未发生的工伤。具体来说，工伤预防是指采用经济、管理和技术等手段，事先防范职业伤亡事故以及职业病的发生，改善和创造有利于安全健康的劳动条件，减少工伤事故及职业病的隐患，保护劳动者在劳动过程中的安全和健康。工伤预防的目的是从源头上减少和避免工伤事故和职业病的发生，实现最大限度地减少工伤的最终目标。建立工伤保险制度的目的是保护职工和分散用人单位风险。保护职工的基本目标是保障其因工作受到事故伤害或患职业病后，能获得医疗救治和经济补偿，保障其基本生活，最高目标是"少伤害"；分散用人单位风险，直接目的是保障用人单位不至于因工伤事故导致经营发生困难，最高目标是"降低风险"。因此，工伤保险制度的最终目标是实现"最大限度地减少工伤"，将工伤预防放在首位。

在我国，工伤预防与安全生产关系密切，存在互相促进的辩证关系。工伤预防在促进安全生产、保护职工的安全健康方面有着十分重要的意义和作用，反过来，安全生产对工伤预防也有十分重要的促进作用，二者有十分密切的正相关关系。

11. 工伤预防的作用

（1）工伤预防可以从源头上降低工伤事故和职业病的发生，保障职工的安全健康。预防的要义，在于"事先防范"，即防止未发生的事故，防"未病之病"，防患于未然。工伤预防是用人单位安全生产工作的一项重要内容。用人单位要进行生产活动，就存在发生伤亡事故和职业病的可能。有关研究表明，现有的事故80%以上是可以通过安全生产管理与技术等手段避免的，这说明了工伤预防工作的迫切性和重要性。

（2）工伤预防工作从根本上有利于用人单位发展，促进社会和谐稳定。近些年来，我国因工伤事故和职业病所造成的危害已经引起各级政府和社会各方面的广泛关注。随着工伤保险制度的改革，将逐步加强工伤预防工作。一方面，通过工伤预防，提高用人单位安全生产管理水平，消除事故隐患，减少和避免事故的发生，既保护职工的生命安全与身体健康，也减少事故发生给用人单位带来的损失，保证用人单位生产经营的顺利进行，有助于用人单位的良性发展，进而推动经济社会的发展进步。另一方面，加强工伤预防工作，减少工伤事故发生，还将大大减少由工伤事故引发的劳资双方的争议，有利于建立和谐的劳动关系，促进社会的和谐稳定。

（3）工伤预防可以减少工伤保险基金的支出和社会物质财富的损失，降低社会成本。国际通行的"损失控制"理论表明，在前期投入少量资金开展工伤预防工作，可减少大量的事后赔偿支出。工伤预防工作能减少职业伤害，从而从根本上减少工伤保险基金支出。实践证明,加强工伤预防工作,减少工伤事故发生,是控制工伤保险基金支出的有效方法之一。同时,工伤事故的降低,工伤人数的减少,除了可以降低工伤保险赔付和待遇支付外,还可节省社会保险行政部门工伤认定、劳动能力鉴定和待遇核付等一系列工作的工作量和管理费用,从而降低行政成本。

总之,有效的工伤预防,可以获得较高的社会效益和经济效益。

12. 为什么要做好工伤预防

工伤预防是建立健全工伤预防、工伤补偿和工伤康复"三位一体"工伤保险制度体系的重要内容,是指事先防范职业伤亡事故以及职业病的发生,减少事故及职业病的隐患,改善和创造健康的、安全的生产环境和工作条件,保护职工在生产、工作环境中的安全和健康。工伤预防的措施主要包括工程技术措施、教育措施和管理措施。职工在劳动保护和工伤预防方面的权利与义务是基本一致的。在劳动关系中,获得劳动保护是职工的基本权利,工伤保险是其劳动保护权利的延续。职工有权获得保障其安全和健康的劳动条件,同时也有义务严格遵守安全操作规程,遵章守纪,预防职业伤害发生。

当前国际上,现代工伤保险制度已经把工伤预防放在优先位置。我国修改后的《工伤保险条例》也把工伤预防定为工伤保险三大任务之一,从而逐步改变了过去重补偿、轻预防的模式。因此,那种"工伤有保险,出事有人赔,只管干活挣钱"的说法，显然是错误的。工伤补偿是发生职业伤害后的救助措施，不能挽回失去的生命和复原残疾的身体。职工只有加强安全生产，才能保障自身的安全；做好工伤预防，才能保障自身的健康。生命安全和身体健康是职工的最大利益，用人单位和职工要永远共同坚持"安全第一、预防为主、综合治理"的方针。

13. 工伤预防要杜绝的不安全行为

一般地说，凡是能够或可能导致事故发生的人为失误均属于不安全行为。《企业职工伤亡事故分类》（GB 6441）中规定了13大类不安全行为：

（1）未经许可开动、关停、移动机器；开动、关停机器时未给信号；开关未锁紧，造成意外转动、通电或泄漏等；忘记关闭设备；忽视警告标志、警告信号；操作错误（指按钮、阀门、扳手、把柄等的操作）；奔跑作业；供料或送料速度过快；机械超速运转；违章驾驶机动车；酒后作业；客货混载；冲压机作业时，手伸进冲压模；工件紧固不牢；用压缩空气吹铁屑。

（2）安全装置被拆除、堵塞，或因调整错误造成安全装置失效。

（3）临时使用不牢固的设施或无安全装置的设备等。

（4）用手代替手动工具；用手清除切屑；不用夹具固定，用手拿工件进行机加工。

（5）物体（指成品、半成品、材料、工具、切屑和生产用品等）存放不当。

(6) 冒险进入危险场所。

(7) 攀、坐不安全位置（如平台护栏、汽车挡板、吊车吊钩）。

(8) 在起吊物下作业、停留。

(9) 机器运转时从事加油、修理、检查、调整、焊接、清扫等工作。

(10) 有分散注意力行为。

(11) 在必须使用劳动防护用品的作业或场合中，忽视其使用。

(12) 在有旋转零部件的设备旁作业时穿肥大服装，操纵带有旋转零部件的设备时戴手套。

(13) 对易燃易爆等危险物品处理错误。

14. 工伤预防要避免的不安全心理

根据大量的工伤事故案例分析，导致职工发生职业伤害最常见的不安全心理状态主要有以下几种：

(1) 自我表现心理——"虽然我进厂时间短，但我年轻、聪明，干这活儿不在话下……"

(2) 经验心理——"多少年一直是这样干的，干了多少遍了，能有什么问题……"

(3) 侥幸心理——"完全照操作规程做太麻烦了，变通一下也不一定会出事吧……"

(4) 从众心理——"他们都没戴安全帽，我也不戴了……"

（5）逆反心理——"凭什么听班长的呀，今儿我就这么干，我就不信会出事……"

（6）反常心理——"早晨孩子肚子疼，自己去了医院，也不知道是什么病，真担心……"

【知识拓展】

一天，某机械厂切割机操作工王某在巡视纵向切割机时，发现刀具与板坯摩擦，有冒烟和燃烧迹象，如不及时处理有可能引起火灾。王某当即停掉风机和切割机去排除故障，但没有关闭皮带机电源，皮带机仍然处于运转状态。当王某伸手去掏燃着的纤维板屑时，袖口连同右臂突然被皮带机齿轮绞住，直到工友听到王某的呼救声才关闭了皮带机电源。此次事故造成王某右臂伤残。这起事故的发生与王某存在侥幸麻痹心理有直接的关系。王某以前多次不关闭皮带机电源就去排除故障，侥幸未造成事故，因而麻痹大意，由此逐渐形成习惯性违章并最终导致惨剧发生。

15. 职工工伤保险和工伤预防的权利

（1）有权获得职业安全卫生教育和培训，了解所从事的工作可能对身体健康造成的危害和可能发生的不安全事故。从事特种作业要取得特种作业资格，持证上岗。

（2）有权获得保障自身安全、健康的劳动条件和劳动防护用品。

（3）有权对用人单位管理人员违章指挥、强令冒险作业予以拒绝。

（4）有权对危害生命安全和身体健康的行为提出批评、检举和控告。

（5）从事职业危害作业的职工有权获得定期健康检查。

（6）发生工伤时，有权得到抢救治疗。

（7）发生工伤后，职工或其近亲属有权向当地社会保险行政部门申请工伤认定。

（8）工伤职工有权依法享受有关工伤保险待遇。

（9）职工工伤致残，有权要求进行劳动能力鉴定，对鉴定结论不服的，有权在规定期限内提出再次鉴定申请。

（10）因工致残尚有工作能力的职工，在就业方面应得到特殊保护。依照法律规定，用人单位对因工致残的职工不得解除劳动合同，并应根据不同情况安排适当工作。在建立和发展工伤康复事业的情况下，工伤职工应当得到职业康复培训和再就业帮助。

（11）工伤职工与用人单位发生工伤保险待遇方面的争议，按照处理劳动争议的有关规定处理；职工对工伤认定结论不服或对经办机构核定的工伤保险待遇有异议的，可以依法申请行政复议，也可以依法向人民法院提起行政诉讼。

16. 职工工伤保险和工伤预防的义务

（1）职工有义务遵守劳动纪律和用人单位的规章制度，做好本职工作和被临时指定的工作，服从本单位负责人的工作安排和指挥。

（2）职工在劳动过程中必须严格遵守安全操作规程，正确佩戴和使用劳动防护用品，接受职业安全卫生教育和培训，配合用人单位积极预防工伤事故和职业病。

（3）职工或其近亲属报告工伤和申请工伤保险待遇时，有义务如实反映发生事故和职业病的有关情况及工资收入、家庭有关情况；当有关部门调查取证时，应当给予配合。

（4）除紧急情况外，工伤职工应当到工伤保险签订服务协议的医疗机构进行治疗，对于治疗、康复、评残要接受有关机构的安排，并给予配合。

（5）工伤职工经过劳动能力鉴定确认完全恢复或者部分恢复劳动能力可以工作的，应当服从用人单位的工作安排。

17. 工伤预防措施

（1）教育培训措施

教育培训措施是指利用工伤保险基金开展工伤预防的宣传、教育与培训等活动，是贯彻"安全第一、预防为主、综合治理"方针，普及安全生产和工伤保险知识，增强用人单位和职工工伤预防意识，提高工伤预防能力，减少和避免工伤事故和职业病发生的重要措施。

开展工伤预防的宣传、教育与培训工作，在安全生产和工伤保险中有着非常重要的意义，也是国内外工伤预防工作普遍采用的基本措施。通过开展工伤预防的宣传、教育与培训工作，一方面可以提高用人单位和职工做好安全生产工作的责任感和自觉性，帮助其正确认识安全生产和工伤预防工作的重要性，树立"以人为本"的安全价值观和"预防优先"的预防理念。另一方面，能够普及和提高职工的工伤预防和职业安全卫生方面的法律、法规、基本知识，增强安全操作技能，做到工作中不伤害自己，不伤害他人，也不被他人所伤害，从而保护自己和他人的安全与健康。

工伤预防的宣传形式主要包括：举办媒体宣传活动、政策咨询活动和知识竞赛，制作公益广告和标志，印制和发放宣传资料等。教育培训针对培训内容和培训对象，可灵活选择多种方式方法，如采用讲授法、实际操作演练法、案例研讨法和宣传娱乐法，还可以通过网络视频开展网上培训等。

(2) 技术措施

技术措施是指鼓励用人单位开展预防伤亡事故和职业病的技术活动，引导用人单位对其设备、设施和生产工艺等从工伤预防和职业安全卫生的角度进行设计、改造、检测和维护，从而改善安全生产状况，减少工伤事故和职业病的发生。另外，技术措施还包括引导用人单位对工伤预防新技术、新产品进行开发等科研活动，提高工伤预防的技术水平。

1) 工伤事故预防的技术措施

工作事故预防的技术措施是指为了防止事故的发生而采取的约束、限制能量或危险物质，防止其意外释放的技术手段。常用的工伤事故预防技术措施有消除危险源、限制能量或危险物质、隔离等。

①消除危险源。可以选择危险性较大、在现有技术条件下

可以消除的危险源,将其作为优先考虑控制的对象。可以通过选择合适的工艺技术、设备、设施,合理的结构形式,无害、无毒或不致人受伤的物料来彻底消除某种危险源。

②限制能量或危险物质。限制能量或危险物质可以防止事故的发生,如减少能量或危险物质的量,防止能量蓄积,安全地释放能量等。

③隔离。隔离是一种常用的控制能量或危险物质的事故预防技术措施,采取隔离技术,既可以防止事故的发生,也可以防止事故的扩大,减少事故的损失。

④故障—安全设计。在系统、设备、设施的一部分发生故障或被破坏的情况下,在一定时间内也能保证安全的技术措施称为故障—安全设计。这种设计可以使系统、设备、设施发生故障或事故时处于低能状态,防止能量的意外释放。

⑤减少故障和失误。通过增加安全系数、增加可靠性或设置安全监控系统等来减轻物的不安全状态,减少物的故障或事故的发生。

⑥个体防护。个体防护是把人体与意外释放的能量或危险物质隔离开,是一种不得已的隔离措施,但却是保护人身安全的最后一道防线。

⑦设置薄弱环节。利用事先设计好的薄弱环节,使能量按照人们的意图释放,防止能量作用于被保护的人或物。如锅炉上的易熔塞、电路中的熔断器等。

⑧避难与救援。设置避难场所,当事故发生时供人员暂时躲避,使人员免遭伤害并为救援工作争取时间。事先选择撤退路线,当事故发生时,人员可以按照撤退路线迅速撤离。事故发生后,组织有效的应急救援力量,实施快速救护,是减少事

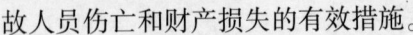

故人员伤亡和财产损失的有效措施。

2) 职业健康监护的技术措施

通过预防性健康检查尽早发现职业病，有利于及时采取措施，防止职业病危害因素所致疾病的发生和发展，还可以为评价劳动条件及职业病危害因素对健康的影响提供资料，并有助于发现新的职业病危害因素，是保护劳动者相关权益所不可缺少的一种技术措施。职业健康监护的内容包括职业健康检查、建立健康监护档案、健康监护资料分析三个方面。

①职业健康检查。可分为上岗前、在岗期间和离岗时的职业健康检查三种形式。

②建立健康监护档案。健康监护档案的内容有：劳动者的职业史和疾病史，职业病危害因素的监测结果及接触水平，职业健康检查结果及处理情况，个人健康基础资料等。

③健康监护资料分析。对接触有害因素的劳动者的健康监护资料进行统计分析，对指导职业病防治工作有重要意义，可作为职业病防治工作的重要信息资源。

(3) 经济措施

经济措施是指除利用费率机制的经济杠杆作用对用人单位进行调节以外，对违反国家规定、工伤预防工作较差的用人单位给予处罚，从而引导用人单位重视工伤预防，进入工伤预防和安全生产的良性轨道。

综上所述，可以看出，工伤预防是一项综合性很强的工作，需要有关方面协同配合，也需要社会各方面资源的投入。由于我国工伤保险制度设计的特殊性，我国工伤保险基金对于工伤预防的影响会进一步提高。

18. 工伤康复

工伤康复是按照"先治疗康复,后评残补偿"和立足于"基本康复"的原则,利用现代康复的手段和技术,为工伤致残的职工提供医疗康复、职业康复等服务,最大限度地恢复其身体功能以及生活自理能力、劳动能力,让其重返工作岗位的一项医疗服务。

工伤康复一般运用综合的医疗、人体工程、教育、职业心理等措施,对工伤职工进行治疗、训练、补偿,恢复工伤职工的身体功能、生活能力和劳动能力,以消除或者减轻因工伤造成的伤残后果,改善工伤职工参加劳动和社会活动的能力。

工伤康复服务一般包括:及早发现工伤并诊断和处理;社会、心理及其他方面的咨询和协助;进行生活自理能力训练(一般包括行动、交往及日常生活技能,并为运动听觉、视觉受损者提供所需的特殊器材);提供辅助器材、行动工具及其他设备;专门教育服务;职业技能训练、职业培训、保护性的就业安置等。

总之,工伤康复服务的内容包括生理康复、心理康复、职业康复和社会康复等。

第 3 章

安全生产常识

19. 安全与事故

（1）安全

安全是指人们在生产、生活中不会遭受健康损害和人身伤亡以及财产损失。安全和危险是相对的，没有绝对的危险，也没有绝对的安全。

安全是没有危险、不出事故的状态。生产过程中的安全，即安全生产，是指不发生工伤事故、职业病以及设备或者财产损失。

【知识拓展】

系统工程中安全的概念，认为世界上没有绝对安全的事或者物，任何事或者物都含有不安全因素，具有一定的危险性。安全是一个相对的概念，是一种模糊数学的概念；危险性是对安全性的反面体现，当危险性低于某种程度时，人们就认为是安全的。这样来看，安全是危险在人们接受范围内的一种状态。

（2）事故及其特征

事故是指生产系统中的人遭受阻碍或中止生产的条件，可能导致人员受到伤害，或财产受到损失的非预先知晓的意外事件。通常来说，事故是指安全生产管理中的伤亡事故和职业危害事故，是从业人员在生产活动中发生的人身伤害和职业中毒事故。

事故具有以下基本特征：

1）普遍性

由于生产活动中普遍存在可能导致人员伤亡和财产损失的危险性，因此普遍存在发生事故的可能。

2）随机性

事故是偶然发生的，具有随机性的特点，并且事故发生的时间、地点、形式、规模、后果都是不确定的。

3）必然性

按照安全系统工程的观点，人们在生产过程中必然会发生事故，只不过是时间长短、事故损失严重程度不同而已。

4）因果相关性

事故的发生是系统中造成事故的各种因素相互作用的结果。造成事故的因素可大体分为人的不安全行为和物的不安全状态，以及安全生产管理上的缺陷。

5）紧急性

事故从发生、发展到结束，往往速度很快，允许组织和个人作出反应的时间很短。这就要求人们平时应积累紧急应对能力和加强应急救援体系建设。

6）危害性

凡是事故，特别是伤亡事故，都会在一定程度上给个人、集体和社会带来损失或危害，甚至夺去人的生命，威胁企业的生存或影响社会的稳定。

（3）事故等级划分

根据生产安全事故造成的人员伤亡或者直接经济损失，事

故一般分为以下 4 个等级:

1) 特别重大事故。特别重大事故是指造成 30 人以上("以上"包括本数,"以下"不包括本数,下同)死亡,或者 100 人以上重伤(包括急性工业中毒,下同),或者 1 亿元以上直接经济损失的事故。

2) 重大事故。重大事故是指造成 10 人以上 30 人以下死亡,或者 50 人以上 100 人以下重伤,或者 5 000 万元以上 1 亿元以下直接经济损失的事故。

3) 较大事故。较大事故是指造成 3 人以上 10 人以下死亡,或者 10 人以上 50 人以下重伤,或者 1 000 万元以上 5 000 万元以下直接经济损失的事故。

4) 一般事故。一般事故是指造成 3 人以下死亡,或者 10 人以下重伤,或者 1 000 万元以下直接经济损失的事故。

(4) 企业工伤事故分类

按照《企业职工伤亡事故分类》(GB 6441)将企业工伤事故分为 20 类,分别为物体打击、车辆伤害、机械伤害、起重伤害、触电、淹溺、灼烫、火灾、高处坠落、坍塌、冒顶片帮、透水、放炮、瓦斯爆炸、火药爆炸、锅炉爆炸、容器爆炸、其他爆炸、中毒和窒息、其他伤害。

20. 危险源与重大危险源

危险源是指在一个生产系统中,具有潜在能量和物质释放危险的、可造成人员伤害的、在一定的触发因素作用下可转化为事故的部位、区域、场所、空间、岗位、设备及其位置。危险源的实质是具有潜在危险的源点或部位，是爆发事故的源头，是能量、危险物质集中的核心，是能量向外传递或爆发的地方。职业病危害因素是指与生产有关的劳动条件（包括生产过程、劳动过程和生产环境），对劳动者健康和劳动能力产生有害作用的职业因素。

工业生产中的危险源一般分为5类，即毒害性、放射性、腐蚀性及传染病病原体类危险源，锅炉及压力容器设施类危险源，电气设施类危险源，高温作业区危险源和辐射危害类危险源。

《安全生产法》中将"重大危险源"定义为：长期地或临时地生产、加工、搬运、使用或储存危险物品，且危险物品的数量等于或超过临界量的单元（包括场所和设施）。

21. 安全色

安全色是传递安全信息含义的颜色。安全色能够使人们对威胁安全和健康的物体和环境尽快作出反应，以减少事故的发生。安全色用途广泛，如用于安全标志牌、交通标志牌、防护栏杆及机器上不准乱动的部位等。

安全色的应用必须以表示安全为目的，并且有规定的颜色范围。安全色包括红、蓝、黄、绿四种，其含义和用途如下：

（1）红色用于传递禁止、停止、危险或提示消防设备、设施的信息。

（2）黄色用于传递注意、警告的信息。

(3) 蓝色用于传递必须遵守规定的指令性信息。
(4) 绿色用于传递安全的提示性信息。

22. 安全标志

安全标志是由图形符号、安全色、几何形状（边框）或文字构成的，用以表达特定安全信息的标志，分为禁止标志、警告标志、指令标志、提示标志、说明标志、环境信息标志和局部信息标志7类，其中：禁止标志是禁止人们不安全行为的图形标志；警告标志是提醒人们对周围环境引起注意，以避免可能发生的危险的图形标志；指令标志是强制人们必须做出某种动作或采取防范措施的图形标志；提示标志是向人们提供某种信息（如标明安全设施或场所等）的图形标志；说明标志是向人们提供特定提示信息（标明安全分类或防护措施等）的标记；环境信息标志是所提供的信息涉及较大区域的图形标志；局部信息标志是所提供的信息只涉及某地点，甚至某个设备或部件的图形标志。

对比色使用时，黑色用于安全标志的文字、图形符号和警告标志的几何边框；白色用于安全标志中红、蓝、绿的背景色，也可用于安全标志的文字和图形符号；红色与白色相间条纹表示禁止或提示消防设备、设施位置的安全标记；黄色与黑色相间条纹表示危险位置的安全标记；蓝色与白色相间条纹表示指令的安全标记，传递必须遵守规定的信息；绿色与白色相间条纹表示安全环境的安全标记。

【知识拓展】

安全标志一般设在醒目的地方，使人们看到后，有足够的时间来注意它所表示的内容。不能设在门、窗、架子等可移动的物体上，因为这些物体位置移动后，安全标志就起不到作用了。

23. 安全生产的重要意义

安全生产的根本目的是保障职工在生产过程中的安全和健康。安全生产是安全与生产的统一，安全促进生产，生产必须安全，没有安全就无法正常进行生产。搞好安全生产工作，改善劳动条件，减少职工伤亡与财产损失，不仅可以增加企业效益，促进企业健康发展，而且还可以促进社会和谐，保障经济建设安全进行。

《安全生产法》是我国安全生产的专门法律、基本法律，是我国职业安全卫生法律体系的核心，自2002年11月1日起实施。《安全生产法》明确规定，安全生产工作应当以人为本，坚持人民至上、生命至上，把保护人民生命安全摆在首位，树牢安全发展理念，坚持"安全第一、预防为主、综合治理"的方针。强化和落实生产经营单位的主体责任与政府监管责任，建立生产经营单位负责、职工参与、政府监管、行业自律和社会监督的工作机制。这是党和国家对安全生产工作的总体要求，企业和从业人员在劳动生产过程中必须严格遵循这一基本方针。

24. 安全生产方针

我国生产事故多发,危害了人民群众的生命安全,造成了企业和国家巨大的经济损失,严重地制约了事发企业的可持续发展。为此,在《中共中央 国务院关于推进安全生产领域改革发展的意见》中明确提出,要坚守发展决不能以牺牲安全为代价这条不可逾越的红线。这条红线是人民生命财产安全和经济社会发展的保障线,是各行各业各单位各职工确保安全生产的责任线。

(1) 安全生产方针的内容

《安全生产法》规定,安全生产工作应当以人为本,坚持人民至上、生命至上,把保护人民生命安全摆在首位,树牢安全发展理念,坚持安全第一、预防为主、综合治理的方针,从源头上防范化解重大安全风险。安全生产工作实行管行业必须管安全、管业务必须管安全、管生产经营必须管安全,强化和落实生产经营单位主体责任与政府监管责任,建立生产经营单位负责、职工参与、政府监管、行业自律和社会监督的机制。

安全生产方针是安全生产的总方针、总政策,是党和国家针对生产建设的特殊性而制定的工作方针,是社会主义制度优越性的具体体现,是对各行业安全生产工作总的要求和指导原则,它为安全生产工作指明了方向。

(2) 安全生产方针的内涵

"安全第一"是指在看待和处理安全与生产和其他工作的关系上,要突出安全,要把安全放在一切工作的首要位置。当生产和其他工作与安全发生矛盾时,安全是主要的、第一位的,生产和其他工作要服从于安全,要做到不安全不生产,风险不管控不生产,隐患不排除不生产,安全措施不落实不生产。

"预防为主"是指在事故预防与事故处理的关系上,应以预防为主,防患于未然。依靠安全风险分级管控和事故隐患排查治理双重预防等有效的防范措施,把风险挺在隐患前面,把隐患挺在事故前面,把事故消灭在其发生之前。

"综合治理"是预防事故及其危害的一种最佳方法,在全行业、全系统、全企业各部门的业务关系上,要把安全工作看作一项复杂而艰巨的工作,必须齐抓共管,综合治理;坚持"管理、装备、素质、系统"并重的基本原则,全员、全过程、全方位搞好安全工作。

(3) 贯彻安全生产方针的措施

为了贯彻落实安全生产方针,我国安全生产工作要坚持"管理、装备、素质、系统"并重的基本原则。从业人员应做到以下六点:

1)牢固树立"安全第一"的意识,做到不安全不生产。
2)熟练掌握岗位安全生产职责,做到明责、履责、尽责。
3)遵守安全管理制度,学法、知法、守法,树立依法从事安全生产工作的意识。

4）依规作业，坚决做到不"三违"（违章指挥、违规作业、违反劳动纪律）。

5）积极参加安全培训及安全技能提升培训，掌握安全生产知识和岗位操作技能，不断提高自身业务素质。

6）作业前要进行安全风险辨识及安全确认，工作中随时排查事故隐患，发现问题立即报告，对在能力范围内的问题应及时处理。

25. 安全生产政策

（1）总体要求

党的十八大以来，习近平总书记作出一系列重要指示，深刻阐述了安全生产的重要意义、思想理念、方针政策和工作要求，强调必须"坚守发展决不能以牺牲安全为代价这条不可逾越的红线"，明确要求"党政同责、一岗双责、齐抓共管、失职追责"。李克强总理多次作出重要批示，强调要以对人民群众生命高度负责的态度，坚持预防为主、标本兼治，以更有效的举措和更完善的制度，切实落实和强化安全生产责任，筑牢安全防线。习近平总书记的重要指示和李克强总理的重要批示，为我国安全生产工作提供了新的理论指导和行动指南。各地区、各有关部门和单位坚决贯彻落实党中央、国务院决策部署，进一步健全安全生产法律法规和政策措施，严格落实安全生产责任，全面加强安全生产监督管理，不断强化安全生产隐患排查治理和重点行业领域专项整治,深入开展安全生产大检查,严肃查处各类生产安全事故,大力推进依法治安和科技强安,加快安全生产基础保障能力建设,推动了安全生产形势持续稳定好转。

2016年12月,《中共中央 国务院关于推进安全生产领域改革发展的意见》(以下简称《意见》)印发实施,标志着我国安全生产领域改革发展迎来了一个新时期。《意见》以习近平总书记系列重要讲话,特别是关于安全生产重要论述为指导,顺应全面建成小康社会发展大势,总结实践经验,吸收创新成果,坚持目标和问题导向,科学谋划安全生产领域改革发展蓝图,是今后一个时期全国安全生产工作的行动纲领。

《意见》是中华人民共和国成立以来第一个以党中央、国务院名义出台的安全生产工作的纲领性文件,对推动我国安全生产工作具有里程碑式的重大意义。现阶段,一些地区和行业领域安全生产事故多发,根源是思想意识问题,抓安全生产态度不坚决、措施不得力。《意见》明确提出,要"坚守发展决不能以牺牲安全为代价这条不可逾越的红线",构建"党政同责、一岗双责、齐抓共管、失职追责"的安全生产责任体系,推进安全监管体制改革,坚持管生产必须管安全,充实执法力量,堵塞监管漏洞,切实消除盲区。

(2)指导思想

以习近平新时代中国特色社会主义思想为指导,深入贯彻习近平总书记系列重要讲话精神和治国理政新理念新思想新战略,进一步增强"四个意识",紧紧围绕统筹推进"五位一体"总体布局和协调推进"四个全面"战略布局,牢固树立新发展理念,坚持安全发展,坚守发展决不能以牺牲安全为代价这条不可逾越的红线,以防范遏制重特大生产安全事故为重点,坚持安全第一、预防为主、综合治理的方针,加强领导、改革创新、协调联动、齐抓共管,着力强化企业安全生产主体责任,着力堵塞监督管理漏洞,着力解决不遵守法律法规的问题,依靠严密的责任体系、严格的法治措施、有效的体制机制、有力的基础保障和完善的系统治理,切实增强安全防范治理能力,大力提升我国安全生产整体水平,确保人民群众安康幸福、共享改革发展和社会文明进步成果。

(3) 基本原则

1)坚持安全发展

贯彻以人民为中心的发展思想,始终把人的生命安全放在首位,正确处理安全与发展的关系,大力实施安全发展战略,为经济社会发展提供强有力的安全保障。

2)坚持改革创新

不断推进安全生产理论创新、制度创新、体制机制创新、科技创新和文化创新,增强企业内生动力,激发全社会创新活力,破解安全生产难题,推动安全生产与经济社会协调发展。

3)坚持依法监管

大力弘扬社会主义法治精神,运用法治思维和法治方式,深化安全生产监管执法体制改革,完善安全生产法律法规和标准体系,严格规范公正文明执法,增强监管执法效能,提高安全生产法治化水平。

4)坚持源头防范

严格安全生产市场准入,经济社会发展要以安全为前提,把安全生产贯穿城乡规划布局、设计、建设、管理和企业生产经营活动全过程。构建风险分级管控和隐患排查治理双重预防工作机制，严防因风险演变、隐患升级而导致生产安全事故发生。

5）坚持系统治理

严密层级治理和行业治理、政府治理、社会治理相结合的安全生产治理体系，组织动员各方面力量实施社会共治。综合运用法律、行政、经济、市场等手段，落实人防、技防、物防措施，提升全社会安全生产治理能力。

26. 安全生产法

《安全生产法》是中华人民共和国成立以来第一部全面规范安全生产的专门法律。这部法律是我国安全生产法律法规体系的基础法。

《安全生产法》内容包括总则、生产经营单位的安全生产保障、从业人员的安全生产权利义务、安全生产的监督管理、生产安全事故的应急救援与调查处理、法律责任及附则。

（1）立法目的

《安全生产法》是为了加强安全生产工作，防止和减少生产安全事故，保障人民群众生命和财产安全，促进经济社会持续健康发展而制定的。

(2) 从业人员的安全教育培训规定

《安全生产法》规定,生产经营单位应当对从业人员进行安全生产教育和培训,保证从业人员具备必要的安全生产知识,熟悉有关的安全生产规章制度和安全操作规程,掌握本岗位的安全操作技能,了解事故应急处理措施,知悉自身在安全生产方面的权利和义务。未经安全生产教育和培训合格的从业人员,不得上岗作业。

生产经营单位使用被派遣劳动者的,应当将被派遣劳动者纳入本单位从业人员统一管理,对被派遣劳动者进行岗位安全操作规程和安全操作技能的教育和培训。劳务派遣单位应当对被派遣劳动者进行必要的安全生产教育和培训。

生产经营单位应当建立安全生产教育和培训档案,如实记录安全生产教育和培训的时间、内容、参加人员以及考核结果等情况。

生产经营单位采用新工艺、新技术、新材料或者使用新设备,必须了解、掌握其安全技术特性,采取有效的安全防护措施,并对从业人员进行专门的安全生产教育和培训。

(3) 从业人员的安全生产权利义务

1) 从业人员在安全生产方面的权利

①知情权与建议权。生产经营单位的从业人员有权了解其作业场所和工作岗位存在的危险因素、防范措施及事故应急措施,有权对本单位的安全生产工作提出建议。

②批评权、检举权、控告权及合法拒绝权。从业人员有权对本单位安全生产工作中存在的问题提出批评、检举、控告;

有权拒绝违章指挥和强令冒险作业。

生产经营单位不得因从业人员对本单位安全生产工作提出批评、检举、控告或者拒绝违章指挥、强令冒险作业而降低其工资、福利等待遇或者解除与其订立的劳动合同。

③紧急避险权。从业人员发现直接危及人身安全的紧急情况时，有权停止作业或者在采取可能的应急措施后撤离作业场所。

生产经营单位不得因从业人员在紧急情况下停止作业或者采取紧急撤离措施而降低其工资、福利等待遇或者解除与其订立的劳动合同。

④获得赔偿的权利。因生产安全事故受到损害的从业人员，除依法享有工伤保险外，依照有关民事法律尚有获得赔偿的权利的，有权提出赔偿要求。

⑤获得符合国家标准或者行业标准劳动防护用品的权利。

⑥获得安全生产教育和培训的权利。

2）从业人员在安全生产方面的义务

①遵章守纪，服从管理，正确佩戴和使用劳动防护用品。从业人员在作业过程中，应当严格落实岗位安全责任，严格遵守本单位的安全生产规章制度和安全操作规程，服从管理。

②接受安全生产教育培训。从业人员应当接受安全生产教育和培训，掌握本职工作所需的安全生产知识，提高安全生产技能，增强事故预防和应急处理能力。

③立即报告事故隐患、事故的义务。从业人员发现事故隐患或者其他不安全因素，应当立即向现场安全生产管理人员或者本单位负责人报告；接到报告的人员应当及时予以处理。

生产经营单位发生生产安全事故后，事故现场有关人员应当立即报告本单位负责人。

(4) 法律责任

《安全生产法》规定，国家实行生产安全事故责任追究制度，依照本法和有关法律法规的规定，追究生产安全事故责任单位和责任人员的法律责任。

生产经营单位的从业人员不落实岗位安全责任，不服从管理，违反安全生产规章制度或者安全操作规程的，由生产经营单位给予批评教育，依照有关规章制度给予处分；构成犯罪的，依照刑法有关规定追究刑事责任。

27. 职业病防治法

《职业病防治法》的内容包括总则、前期预防、劳动过程中的防护与管理、职业病诊断与职业病病人保障、监督检查、法律责任及附则。

(1) 劳动者依法享有的职业卫生保护权利

1) 获得职业卫生教育、培训的权利。

2) 获得职业健康检查、职业病诊疗、康复等职业病防治服务的权利。

3) 了解工作场所产生或者可能产生的职业病危害因素、危害后果和应当采取的职业病防护措施的权利。

4) 要求用人单位提供符合防治职业病要求的职业病防护设施和个人使用的职业病防护用品，改善工作条件的权利。

5）对违反职业病防治法律法规以及危及生命健康的行为提出批评、检举和控告的权利。

6）拒绝违章指挥和强令进行没有职业病防护措施的作业的权利。

7）参与用人单位职业卫生工作的民主管理,对职业病防治工作提出意见和建议的权利。

用人单位应当保障劳动者行使上述权利。因劳动者依法行使正当权利而降低其工资、福利等待遇或者解除、终止与其订立的劳动合同的,其行为无效。

(2) 疑似职业病病人的保障

1）医疗卫生机构发现疑似职业病病人时,应当告知劳动者本人并及时通知用人单位。

2）用人单位应当及时安排对疑似职业病病人进行诊断;在疑似职业病病人诊断或者医学观察期间,不得解除或者终止与其订立的劳动合同。

3）疑似职业病病人在诊断、医学观察期间的费用,由用人单位承担。

(3) 职业病病人的保障

1）用人单位应当保障职业病病人依法享受国家规定的职业病待遇。

2）用人单位应当按照国家有关规定,安排职业病病人进行治疗、康复和定期检查。

3）用人单位对不适宜继续从事原工作的职业病病人,应当调离原岗位,并妥善安置。

4）职业病病人变动工作单位，其依法享有的待遇不变。

5）用人单位在发生分立、合并、解散、破产等情形时，应当对从事接触职业病危害作业的劳动者进行健康检查，并按照国家有关规定妥善安置职业病病人。

6）用人单位已经不存在或者无法确认劳动关系的职业病病人，可以向地方人民政府医疗保障、民政部门申请医疗救助和生活等方面的救助。

28. 安全教育和培训

《安全生产法》规定，生产经营单位应当对从业人员进行安全生产教育和培训，保证从业人员具备必要的安全生产知识，熟悉有关的安全生产规章制度和安全操作规程，掌握本岗位的安全操作技能，了解事故应急处理措施，知悉自身在安全生产方面的权利和义务。未经安全生产教育和培训合格的从业人员，不得上岗作业。

(1) 新入职从业人员的安全培训

《生产经营单位安全培训规定》规定，加工、制造业等生产单位的其他从业人员，在上岗前必须经过厂（矿）、车间（工段、区、队）、班组三级安全培训教育。生产经营单位应当根据工作性质对其他从业人员进行安全培训，保证其具备本岗位安全操作、应急处置等知识和技能。

煤矿、非煤矿山、危险化学品、烟花爆竹、金属冶炼等生产经营单位新上岗的从业人员安全培训时间不得少于72学时，每年再培训的时间不得少于 20 学时。

1）厂（矿）级岗前安全培训内容

①本单位安全生产情况及安全生产基本知识。

②本单位安全生产规章制度和劳动纪律。

③从业人员安全生产权利和义务。

④有关事故案例等。

煤矿、非煤矿山、危险化学品、烟花爆竹、金属冶炼等生产经营单位厂（矿）级安全培训除包括上述内容外，应当增加事故应急救援、事故应急预案演练及防范措施等内容。

2）车间（工段、区、队）级岗前安全培训内容

①工作环境及危险因素。

②所从事工种可能遭受的职业伤害和伤亡事故。

③所从事工种的安全职责、操作技能及强制性标准。

④自救互救、急救方法、疏散和现场紧急情况的处理。

⑤安全设备设施、个人防护用品的使用和维护。

⑥本车间（工段、区、队）安全生产状况及规章制度。

⑦预防事故和职业危害的措施及应注意的安全事项。

⑧有关事故案例。

⑨其他需要培训的内容。

3）班组级岗前安全培训内容

①岗位安全操作规程。

②岗位之间工作衔接配合的安全与职业卫生事项。

③有关事故案例。

④其他需要培训的内容。

(2) 其他培训

《生产经营单位安全培训规定》规定，煤矿、非煤矿山、危险化学品、烟花爆竹、金属冶炼等生产经营单位必须对新上岗的临时工、合同工、劳务工、轮换工、协议工等进行强制性安全培训，保证其具备本岗位安全操作、自救互救以及应急处置所需的知识和技能后，方能安排上岗作业。

从业人员在本生产经营单位内调整工作岗位或离岗一年以上重新上岗时，应当重新接受车间（工段、区、队）级和班组级的安全培训。生产经营单位采用新工艺、新技术、新材料或者使用新设备时，应当对有关从业人员重新进行有针对性的安全培训。

《安全生产法》规定，生产经营单位使用被派遣劳动者的，应当将被派遣劳动者纳入本单位从业人员统一管理，对被派遣劳动者进行岗位安全操作规程和安全操作技能的教育和培训。劳务派遣单位应当对被派遣劳动者进行必要的安全生产教育和培训。生产经营单位接收中等职业学校、高等学校学生实习的，应当对实习学生进行相应的安全生产教育和培训，提供必要的劳动防护用品。

学校应当协助生产经营单位对实习学生进行安全生产教育和培训。

生产经营单位应当建立安全生产教育和培训档案，如实记录安全生产教育和培训的时间、内容、参加人员以及考核结果等情况。

生产经营单位采用新工艺、新技术、新材料或者使用新设备，必须了解、掌握其安全技术特性，采取有效的安全防护措施,并对从业人员进行专门的安全生产教育和培训。

29. 安全管理

(1) 安全生产许可的要求

《安全生产许可证条例》规定,国家对矿山企业、建筑施工企业和危险化学品、烟花爆竹、民用爆炸物品生产企业(以下统称企业)实行安全生产许可制度。企业未取得安全生产许可证的,不得从事生产活动。

国务院应急管理部门负责中央管理的非煤矿山企业和危险化学品、烟花爆竹生产企业安全生产许可证的颁发和管理。省、自治区、直辖市人民政府应急管理部门负责上述规定以外的非煤矿山企业和危险化学品、烟花爆竹生产企业安全生产许可证的颁发和管理,并接受国务院应急管理部门的指导和监督。

(2) 工伤保险和安全生产责任保险的要求

《安全生产法》规定,生产经营单位必须依法参加工伤保险,为从业人员缴纳保险费。国家鼓励生产经营单位投保安全生产责任保险;属于国家规定的高危行业、领域的生产经营单位,应当投保安全生产责任保险。

因生产安全事故受到损害的从业人员,除依法享有工伤保险外,依照有关民事法律尚有获得赔偿权利的,有权提出赔偿要求。

《危险化学品生产企业安全生产许可证实施办法》规定，企业应当依法参加工伤保险，为从业人员缴纳保险费。

《安全生产责任保险实施办法》规定，安全生产责任保险的保费由生产经营单位缴纳，不得以任何方式摊派给从业人员个人。

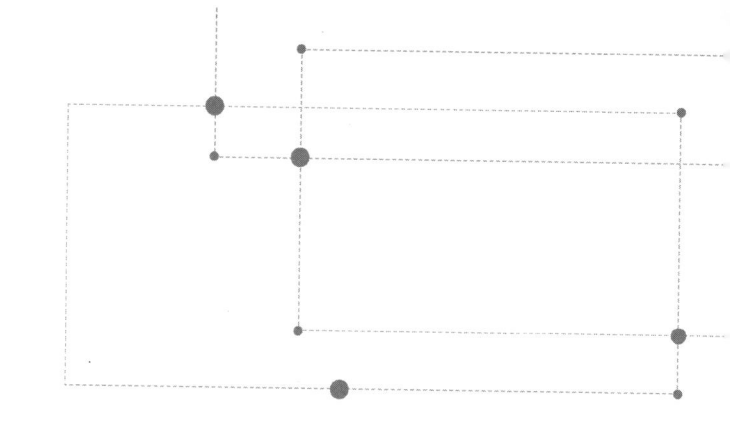

第4章

工伤事故预防

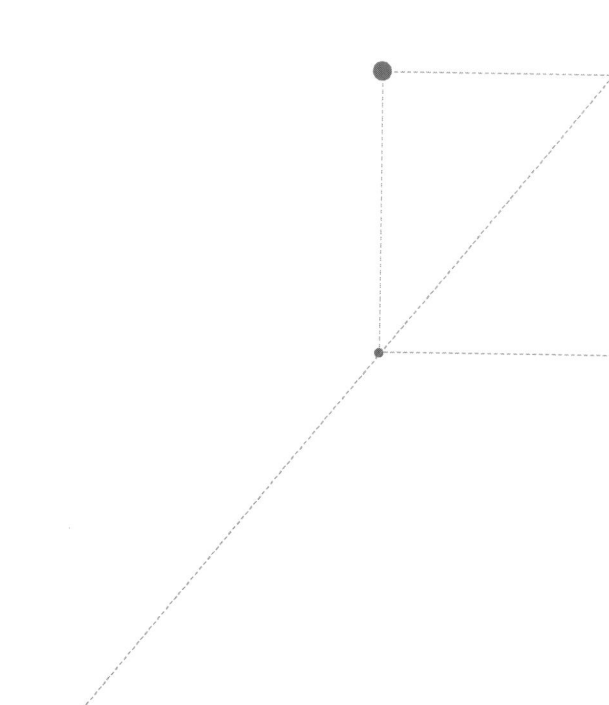

30. 机械事故预防

(1) 常见的因机械伤害造成的工伤事故

1) 机械设备零部件做旋转运动时造成的伤害。例如，机械设备中的齿轮、带轮、滑轮、卡盘、轴、光杠、丝杠、联轴节等零部件工作过程中都是做旋转运动的，旋转运动易造成人员伤害的主要形式是绞伤和物体打击伤。

2) 机械设备的零部件做直线运动时造成的伤害。例如，锻锤、冲床、切板机的施压部件，牛头刨床的床头，龙门刨床的床面及桥式吊车大、小车和升降机构等都是做直线运动的，做直线运动的零部件造成的伤害主要有压伤、砸伤、挤伤。

3) 刀具造成的伤害。例如，车床上的车刀、铣床上的铣刀、钻床上的钻头、磨床上的磨轮、锯床上的锯条等都是加工零件用的刀具，刀具在加工零件时造成的伤害主要有烫伤、刺伤、割伤。

4) 被加工零件造成的伤害。机械设备在对零件进行加工的过程中，有可能对人身造成伤害。这类伤害事故主要有：①被加工零件固定不牢被甩出打伤人。例如，车床卡盘夹固不牢，在旋转时就会将工件甩出伤人。②被加工零件在吊运和装卸过程中，可能砸伤人。

5) 电气系统造成的伤害。机械设备的动力绝大多数是电能，因此每台机械设备都有自己的电气系统，主要包括电动机、配电箱、开关、按钮、局部照明灯以及接零（地）导线等。电气系统对人的伤害主要是电击。

6）手持工具造成的伤害。

7）其他伤害。机械设备除能造成上述各种伤害外，还可能造成其他伤害。例如，有的机械设备在使用时会发出强光、高温，还有的会放出化学能、辐射能以及有毒粉尘等危害物质，这些对人体都可能造成伤害。

（2）防止机械伤害事故的工伤预防措施

1）必须正确穿戴劳动防护用品。该穿戴的必须穿戴，不该穿戴的就一定不要穿戴。例如，机械加工作业时要求女工戴防护帽，如果不戴就可能将头发绞进机械中；同时要求不得戴手套，否则机械的旋转部分就可能将手套绞进去，进而将手绞伤。

2）操作前要对机械设备进行安全检查，而且要空车运转一段时间，确认正常后方可投入运行。

3）机械设备在运行中也要按规定进行安全检查，特别是检查紧固的物件是否由于振动而松动，若发生松动应重新紧固。

4）机械设备严禁带故障运行，千万不能勉强使用，以防出事故。

5）机械设备的安全装置必须按规定正确使用，不准将其拆掉不用。

6）机械设备使用的刀具、工装夹具以及加工的零件等一定要装卡牢固，不得松动。

7）机械设备在运转时，严禁用手调整，也不得用手测量零件或进行润滑零部件、清扫杂物等。如果必须进行，则应关停机械设备。

8）机械设备在运转时，作业人员不得离开工作岗位，以防发生问题时无人处置。

9）工作结束后，应关闭开关，把刀具和工件从工作位置退出，并清理工作场地，将零件、工装夹具等摆放整齐，搞好机械设备的卫生。

【知识拓展】

一天上午，某机械加工厂镗工张某正在卧式镗床上加工一种较大、较复杂的部件，镗床主轴以每分钟200转的速度旋转着。突然，张某痛苦地大叫一声，师傅闻声急忙按下停车按钮，只见张某上身裸露地趴在工件上，左臂鲜血淋淋，工作服、毛衣、衬衣、背心全部被撕破缠绕在镗杆上。经送医院检查救治，张某左臂及手腕多处皮肤撕裂，肌肉严重挫伤，脾脏破裂后被手术切除。

事故调查发现，引起事故的直接原因是张某工作服最下边一粒纽扣未系，在他观察工件加工情况时，衣角被镗杆绞住，由此而造成事故。从这起事故看，正确穿戴劳动防护用品是作业人员安全生产的一个重要环节，假如张某上岗前按工作服"三紧"（即袖口紧、领口紧、下摆紧）着装要求，将上衣纽扣全部系好，事故是完全可以避免的。

31. 起重事故预防

（1）起重事故的主要类型

1）坠落事故

在作业中，人、吊具、吊载的重物从空中坠落所造成的人员伤亡或设备损坏事故。

2）触电事故

从事起重作业或其他作业的人员，因违章操作或其他原因遭受的电气伤害事故。

3）挤伤事故

作业人员被挤压在两个物体之间造成的挤伤、压伤、击伤等人员伤亡事故。

4）机毁事故

起重机机体因为失去整体稳定性而发生倾覆翻倒，造成起重机机体严重损坏以及人员伤亡事故。

（2）起重作业的安全规定

1）司机接班时，应对制动器、吊钩、钢丝绳和安全装置进行检查。发现性能不正常时，应在操作前排除。

2）开车前，必须鸣铃或示警。操作中接近人时，应给予断续铃声或警报。

3）操作应按指挥信号进行。对紧急停车信号，不论何人发出，都应立即执行。

4）当确认起重机上及其周围无人时,才可以闭合主电源。当电源电路装置上加锁或有标志牌时,应由有关人员将其解除后,再闭合主电源。

5）闭合主电源前,应将所有的控制器手柄置于零位。

6）工作中突然断电时,应将所有的控制器手柄扳回零位。在重新工作前,应检查设备装置是否正常。

7）在轨道上露天作业的起重机,当工作结束时,应将起重机锚定住;当风力大于6级时,一般应停止工作,并将起重机锚定住。

8）起重机进行维护保养时,应切断主电源并挂上标志牌或加锁。如存在未消除的故障,应通知接班司机。

【知识拓展】

起重机司机"十不吊"是指起重机司机在工作中遇到以下十种情况时不能进行起吊作业:

(1) 超载或起吊物质量不清。

(2) 指挥信号不清或多人指挥。

(3) 捆绑、吊挂不牢或不平衡可能引起吊物滑动。

(4) 起吊物上有人或浮置物。

(5) 起吊物结构或零部件有影响安全的缺陷或损伤。

(6) 遇有拉力不清的埋置物件。

(7) 工作场地光线暗淡,无法看清场地情况和指挥信号。

(8) 重物棱角处与捆绑钢丝绳之间未加衬垫。

(9) 歪拉斜吊重物。

(10) 起吊物为易燃易爆物品。

32. 电气事故预防

生产和生活都离不开电。但是,如果不能正确地认识电、使用电,它也会对人体造成伤害。例如,人体接受过量的电流,可能会造成电击伤;电能转换为热能作用于人体,可致人体烧伤或灼伤;电气设备可产生电磁波,过量的电磁辐射会损害人体机能。

当人体的接触电流达到 0.5~1 毫安时,人就有手指、手腕麻或痛的感觉;当接触电流增至 8~10 毫安时,针刺感、疼痛感增强,机体发生痉挛并会抓紧带电体,但终能摆脱带电体;当接触电流达到 20~30 毫安时,会使人迅速麻痹,不能摆脱带电体,而且血压升高、呼吸困难;接触电流超过 50 毫安时,就会使人呼吸麻痹、身体颤抖,数秒钟后就可致人死亡。

(1) 电气事故的分类

电气事故是由于失去控制的电能作用于人体或电气系统内能量传递发生故障而导致的人员伤亡和设备损坏事故。电气事故可分为触电事故、静电事故、雷电灾害、射频辐射危害和电路故障五类。

1) 触电事故

触电事故是由电流的能量对人体造成伤害的事故,可以分为电击和电伤。绝大部分触电伤亡事故都含有电击的成分。与电弧烧伤相比,致命电击的电流小得多,但电流作用时间较长,而且在人体表面一般不留下明显的痕迹。

2) 静电事故

静电指生产过程中和作业人员操作过程中,由于某些材料之间存在相对运动,其在接触与分离的过程中积累相对静止的正电荷和负电荷的现象。这些电荷周围的场中储存的能量不大,不会直接致人死亡。但是,静电电压可能高达数万乃至数十万伏,有在现场发生放电,产生静电火花的风险。在火灾和爆炸危险场所,静电火花是一个十分危险的因素。

3) 雷电灾害

雷电是大气放电,是由大自然的力量分离和积累的电荷,也是在局部范围内暂时失去平衡的正电荷和负电荷。雷电放电具有电流大、电压高等特点,其能量释放出来可能产生极大的破坏力。雷击除可能毁坏设施和设备外,还可能直接伤及人、畜,甚至引起火灾和爆炸。

4) 射频辐射危害

射频辐射危害即电磁场伤害。人体在高频电磁场作用下,会吸收辐射能量,使人的中枢神经系统、心血管系统等受到不同程度的伤害。射频辐射危害还表现为感应放电。

5) 电路故障

电路故障是由电能传递、分配、转换失去控制造成的。断线、短路、接地、漏电、误合闸、误掉闸、电气设备或电气元件损坏等都属于电路故障。

(2) 电工操作要注意的安全事项

1) 电工作业时必须穿好绝缘鞋,一般情况下严禁带电作业。

2）登高作业必须两人以上协作进行，并戴好安全帽，对用电现场采取安全措施，所有用电设备要确保有良好的接地，发现问题及时修理，不得带电运转。

3）检查时应切断电源，挂上"不准合闸"的告示牌。检修送电必须认真检查，确定无问题后，方能送电。

4）各种机械设备严禁超载运转，对违反安全操作规程的有权停止供电。

5）现场传动机械必须做到"一机一闸"，严禁"一闸多用"。

6）井架限位、避雷针装置、漏电开关应定期测试，发现失灵失效必须及时调换。

（3）电气事故预防

1）防止接触带电部件。
2）防止电气设备漏电伤人。
3）采用安全电压。
4）配备漏电保护装置。
5）合理使用防护用具。
6）安全用电组织措施。

33. 焊接切割事故预防

（1）常见的焊接切割事故

1）火灾和爆炸

如不了解内部结构，盲目进行焊接切割，易发生意外事故。对于大型油罐、煤气罐等进行焊接切割时若处理不当，也会因不小心而引起火灾和爆炸。对于临时进行焊接切割的现场没有进行认真清理，也可能引起火灾。另外，在稻草、软木等易燃物旁，焊接切割电路乱接或者是焊接切割后的火种未熄灭，都潜伏着极大的火灾危险。

2）触电

在焊接切割过程中，电焊机的软线长期在地上拖拉，可能致使绝缘损坏，容易发生触电事故，甚至导致高处坠落等二次事故。

3）烫伤

焊接切割过程中，火花四溅，如果劳动防护用品穿戴不当，则会发生烫伤事故。

4）弧光导致的眼病

在焊接切割过程中，如果未戴护目镜、面罩或佩戴不当，弧光的紫外线、红外线、可见光过度照射会导致眼睛患急性角膜炎，也称为电光性眼炎，严重时能导致失明。

5）有毒有害粉尘和气体

在焊接切割过程中会产生有毒有害粉尘和气体，直接影响着焊工的身体健康，甚至引起尘肺病、血液疾病、慢性中毒、皮肤病等职业病。

(2) 焊接切割作业的个人防护措施

焊接切割作业的个人防护措施主要是对头、面、眼睛、耳、呼吸道、手等方面的人身防护，主要可分为防尘、防毒、防噪声、防高温辐射、防放射性辐射、防机械外伤和脏污等。

从事焊接切割作业时，操作人员除应穿戴一般防护用品（如工作服、手套、眼镜、口罩等）外，针对密闭容器和不易解决通风问题的特殊作业场所的焊接切割作业，还应佩戴空气呼吸器，防止烟尘危害。

（3）焊工应遵守的"十不焊"规定

1）焊工必须持证上岗，无证人员不准进行焊接切割作业。

2）凡属一、二、三级动火范围的焊接切割作业，未经办理动火审批手续，不准进行焊接切割。

3）焊工不了解焊接切割现场周围情况时，不准进行焊接切割。

4）焊工不了解焊件内部是否安全时，不准进行焊接切割。

5）各种装过可燃气体、易燃液体和有毒物质的容器，未经彻底清洗并排除危险性之前，不准进行焊接切割。

6）用可燃材料作保温层、冷却层或隔音、隔热设备的部位，或火星能飞溅到的地方，在未采取切实可靠的安全措施之前，不准进行焊接切割。

7）有压力或密闭的管道、容器，不准进行焊接切割。

8）焊、割部位附近有易燃易爆物品，在未做清理或未采取有效的安全措施前，不准进行焊接切割。

9）附近有与明火作业相抵触的工种在作业时，不准进行焊接切割。

10）与外单位相连的部位，在没有弄清有无险情，或明知存在危险而未采取有效的措施之前，不准进行焊接切割。

34. 危险化学品事故预防

(1) 危险化学品的分类

常用危险化学品按照危险特性可分为 8 类，包括爆炸品、压缩气体和液化气体、易燃液体、易燃固体和自燃物品以及遇湿易燃物品、氧化剂和有机过氧化物、有毒物品、放射性物品、腐蚀品。危险化学品一旦处置不当极易导致爆炸、火灾、中毒、污染、氧化腐蚀等安全事故，对人体、物品及环境造成危害或破坏。

常见的危险化学品有液化石油气、天然气、汽油、苯、硫化氢、农药、酒精、液氯等。

(2) 危险化学品的危害以及现场急救

危险化学品对人体可能造成的伤害有中毒、窒息、冻伤、化学灼伤、烧伤等。急性中毒如在现场抢救不及时或处置不恰当都会引起死亡。现场急救的基本原则：先救人后救物，先救命后疗伤。当有人受到危险化学品伤害时，应立即进行以下处理：

1) 呼吸困难时给氧，呼吸停止时立即进行人工呼吸，心搏骤停时立即进行胸外心脏按压。

2) 皮肤污染时，脱去被污染的衣服，用流动的清水冲洗被污染部位，冲洗要及时、彻底、反复多次；头面部灼伤时，要注意眼、耳、鼻、口腔的清洗。

3）误服危险化学品时，应根据物料性质，对症处理。

4）经现场处理后，迅速送到医院进一步救治。

【知识拓展】

一旦误食有毒化学品，应立即设法催吐。若误食的有毒化学品为酸性，则可服用大量牛奶和水，帮助催吐；若误食的有毒化学品为碱性，则可饮用大量牛奶、水或醋。紧急处置后及时送医院治疗。

(3) 危险化学品运装的安全规定

运输危险化学品的驾驶员、装卸人员和押运人员必须了解所运载的危险化学品的性质、危险特性，了解发生意外时的应急措施，配备必要的应急处理器材和防护用品，并应遵守以下规定：

1）运输危险化学品的车辆应专车专用，并有明显标志。

2）运装危险化学品要轻拿轻放，防止撞击、拖拉和倾倒。

3）碰撞、相互接触容易引起燃烧、爆炸和造成其他危害的危险化学品，以及化学性质或防护、灭火方法相互抵触的危险化学品，不得违反配装限制规定，不得混合装运。

4）遇热、遇潮容易引起燃烧、爆炸或产生有毒气体的危险化学品，在装运时应当采取隔热、防潮措施。

5）装运危险化学品时不得人货混载，禁止无关人员搭乘装运危险化学品的车辆。装运危险化学品的车辆通过市区时，应当遵守所在地公安机关规定的行车时间和路线，中途不得随意停车。

【知识拓展】

某日上午，在湖南某条公路上，一辆载着2吨多黄磷的汽车起火。消防队员闻讯赶来，他们在高压水枪的掩护下，冲上车厢，奋力掀开着火的黄磷桶，导致发生接二连三的爆炸。4名消防队员当场牺牲。

在这起事故中，危险化学品的管理、运输以及消防救援都存在着严重的问题。事发时，这辆运载危险化学品的车上根本没有押车员，而司机没有一点儿运输危险化学品的安全知识。消防队员在扑救黄磷火灾时，本应关闭车厢门，往车厢里灌水，让着火的黄磷重新浸泡在水中，但消防队员却采用了打开车厢门和黄磷桶的错误做法，再加上人员近距离接触着火的黄磷桶，因而造成了人员伤亡。

(4) 危险化学品储存的安全要求

1) 危险化学品应当储存在专门地点，不得与其他物品混合储存。

2) 危险化学品应该分类、分堆储存，堆垛不得过高、过密，堆垛之间以及堆垛与墙壁之间应该留出一定的间距、通道及通风口。

3) 互相接触容易引起燃烧、爆炸的物品及灭火方法不同的物品，应该隔离储存。

4) 遇水容易发生燃烧、爆炸的危险化学品，不得存放在潮湿或容易积水的地点。受阳光照射容易发生燃烧、爆炸的危险化学品，不得存放在露天或者高温的地方，必要时还应该采取降温和隔热措施。

5) 容器、包装要完整无损，如发现破损、渗漏，必须立即进行安全处理。

6）性质不稳定、容易分解和变质，以及混有杂质易引起燃烧、爆炸的危险化学品，应该按规定进行检查、测温、化验，防止自燃及爆炸。

7）不准在储存危险化学品的库房内或露天堆垛附近进行实验、分装、打包、焊接和其他可能引起火灾的操作。

8）库房内不得住人。工作结束时，应进行防火检查，切断电源。

（5）在危险化学品储存区动火应遵守的原则

1）动火应严格执行安全用火管理制度，做到"三不动火"，即没有动火证不动火，安全监护人不在场不动火，防火措施不落实不动火。

2）在正常生产装置内，凡是可动可不动的动火作业一律不动；凡能拆下来的一律拆下来，移到安全区域动火；节假日不影响正常生产的用火，一律禁止。

3）凡在生产、储存、输送可燃物料的设备、容器、管道上动火，应首先切断物料来源，加好盲板，经彻底吹扫、清洗、置换后，打开人孔，通风换气，并经分析合格后，才可动火。

4）动火作业审批人必须亲临现场，落实防火措施后，方可签动火证。一张动火证只限"一处""一次"有效。

5）动火作业人员和安全监护人在接到动火证后，应逐项检查防火措施落实情况。防火措施不落实或安全监护人不在场，动火作业人员有权拒绝动火。

35. 厂内车辆伤害预防

(1) 常见的车辆伤害

1) 碰撞

交通强者（相对而言）的正面部分与他方接触称为碰撞。碰撞主要发生在机动车之间、机动车与非机动车之间、机动车与行人之间、非机动车之间、非机动车与行人之间以及车辆与其他物体之间。根据碰撞时的运动情况，机动车之间的碰撞可分为正面相撞、迎头相撞、侧面相撞、左转弯相撞、右转弯相撞和追尾。

2) 碾压

作为交通强者的机动车对作为交通弱者的自行车和行人等的推碾或压过称为碾压。

3) 刮蹭

交通强者的侧面与他方接触称为刮蹭。机动车之间的刮蹭根据运动情况分为会车刮蹭和超车刮蹭。

4) 翻车

翻车是指车辆在行驶中因受侧向力的作用，使一部分或全部车轮悬空，车身着地的事故。翻车一般分为侧翻和大翻两种。两个车轮离开地面的称为侧翻，四个车轮均离开地面的称为大翻。

5) 坠车

坠车是指车辆驶出路外，整体脱离地面，落到与路面有一定高差的地方,如车辆坠入桥下、山涧等。

6) 爆炸

由于把爆炸物品带入车内,在行驶过程中因为振动等原因引起爆炸所造成的事故。行驶过程中,因轮胎爆炸引起的事故不算为爆炸。

7) 失火

失火是指车辆在行驶过程中,发生车辆燃烧的事故。引起失火的原因包括人为原因(如吸烟、明火、违反操作规程等),以及车辆原因(如发动机回火、排气管过热、电路系统漏电等)。

(2) 厂内车辆运输的安全要求

1) 车辆驾驶人员必须经有资质的培训单位培训并考试合格后方可持证上岗。

2) 车辆通过路口时,驾驶人员一定要先观望,确定没有危险后才能通过。

3) 车辆的各种机械零件必须符合技术规范和安全要求,严禁带故障运行。

4) 汽车在出入厂区大门时,速度不得超过每小时 5 千米;在厂区道路上行驶时,速度不能超过每小时 20 千米。

5) 装运货物不得超载、超高。

6) 装载货物的车辆上的随车人员应坐在指定的安全位置,不得站在车门踏板上,也不得坐在车厢侧板上或驾驶室顶上。

7) 电瓶车进入厂房装载易燃易爆、有毒有害物品时,严禁载人。

8）铲车在行驶时，无论是空载还是重载，其车铲距地面不得小于300毫米，且不得高于500毫米。

9）严禁驾驶人员有酒后驾车、疲劳驾车、争道抢行等违章行为。

【知识拓展】

驾车"十不准"：不准超载，不准抢挡，不准超速行驶，不准酒后驾驶，开车时不准吃东西，开车时不准与他人谈话，人货不准混载，视线不清不准倒车，不准非驾驶人员开车，行驶中不准跳上跳下。

36. 物体打击事故预防

(1) 常见的物体打击事故

物体打击伤害往往表现为飞出或弹出的物体如工具、工件、零件等对人员造成的伤害。物体打击事故主要类型如下：

1）在高处作业中，工具、零件、砖瓦、木块等物体从高处掉落伤人。

2）乱扔废物、杂物伤人。

3）起重吊装、拆装、拆模时，物料掉落伤人。

4）设备带"病"运行，设备中的物体飞出伤人。

5）设备运转中，用铁棍捅卡料，导致铁棍弹出伤人。

6）压力容器爆炸的飞出物伤人。

7）放炮作业中乱石伤人。

(2) 预防物体打击事故的措施

预防物体打击事故,除牢固树立不伤害他人和自我保护的安全意识外,还要做到以下几点:

1) 高处作业时,禁止乱扔物料。清理楼内的物料应设溜槽或使用垃圾桶,手持工具和零星物料应随手放在工具袋内,安装、更换玻璃时要有防止玻璃坠落的措施,严禁乱扔碎玻璃。

2) 吊运大件物料时使用的吊钩和卡环要有防止脱钩的装置,吊运小件物料要使用吊笼或吊斗,吊运长件要绑牢。

3) 高处作业时,对斜道、过桥、跳板要明确专人负责维修、清理,不得存放杂物。

4) 严禁操作带"病"设备。

5) 排除设备故障或清理卡料前,必须停机。

6) 放炮作业前,人员要躲避在安全可靠处,无关人员严禁进入作业区。

37. 火灾、爆炸事故预防

(1) 灭火的基本方法

1) 冷却法

例如,用水和二氧化碳直接喷射燃烧物,降低燃烧物的温度,或往火源附近未燃烧物上喷洒灭火剂,防止形成新的火点。

2）窒息法

例如，用不燃或难燃的石棉被、湿麻袋、湿棉被等捂盖燃烧物，用沙土埋没燃烧物，减少燃烧区域的含氧量，使火焰熄灭。

3）隔离法

使燃烧物和未燃烧物隔离，限制燃烧范围。例如，将火源附近的可燃、易燃、易爆和助燃物搬走；关闭可燃气体、液体管路的阀门，减少和阻止可燃物进入燃烧区内；堵截流散的燃烧液体。

4）抑制法

例如，往燃烧物上喷射干粉等灭火剂，可中断燃烧的链锁反应，达到灭火的目的。

（2）灭火器的选择

1）A 类火灾

普通固体可燃物质，如木材、纸张等（燃烧后为炭）的火灾。水是这类火灾最好的灭火剂，可用清水或一般泡沫灭火剂。

2）B 类火灾

易燃液体与低熔点固体，如各种油类、有机溶剂、石油制品、油漆、石蜡、沥青、松香等的火灾。最好使用干粉灭火器，还可用二氧化碳、泡沫灭火器。

3）C 类火灾

气体，如煤气、液化石油气等的火灾。一般使用干粉、二氧化碳灭火器。

4）D 类火灾

可燃金属，如钾、钠等的火灾。应使用专用灭火剂。金属火灾灭火剂分为两种类型，一种是粉末型灭火剂，另一种是液体型灭火剂（如7150灭火剂）。

5）E类火灾

带电火灾，指物体带电燃烧的火灾。可选用干粉灭火器、二氧化碳灭火器等。

6）F类火灾

烹饪器具内的烹饪物，如动植物油脂等的火灾。可选用干粉灭火器。

(3) 干粉灭火器的使用要求

干粉灭火器适用于扑救各种易燃、可燃液体和易燃、可燃气体火灾，以及电气设备火灾。干粉灭火器的正确用法如下：

1）用一只手握住压把，另一只手托着灭火器底部，取下灭火器。

2）提着灭火器迅速赶到现场。

3）除掉铅封，拔出保险销。

4）在距离火焰2米的地方，右手用力压下压把，使干粉喷射出来，左手拿着喷管左右摆动，使干粉覆盖整个燃烧区。

(4) 企业职工应遵守的防火防爆守则

1）掌握一定的防火防爆知识，并严格贯彻执行防火防爆规章制度。禁止违章作业。

2）应在指定的安全地点吸烟，严禁在工作现场和厂区内吸烟和乱扔烟蒂。

3）使用、运输、储存易燃易爆气体、液体等物质时，一定要严格遵守安全操作规程。

4）在工作现场禁止随便动用明火。确需使用时，必须报请主管部门批准，并做好安全防范工作。

5）对于使用的电气设施，如发现绝缘破损，或设备老化不堪、超负荷运转以及不符合防火防爆要求时，应停止使用，并报告领导加以解决。不得带故障运行，防止发生火灾、爆炸事故。

6）应学会使用一般的灭火工具和器材。对于车间内配备的防火防爆工具、器材等，应该爱护，不得随便挪用。

38. 坍塌事故预防

坍塌事故因塌落物自重大、作用范围大，往往造成的人员伤亡多、后果严重，常造成重大或特大人员伤亡事故。

（1）预防土方坍塌事故

挖土方时，发现边坡附近土体出现裂纹、掉土及塌方险情时，应立即停止作业，下方人员要迅速撤离危险地段，查明原因后，再决定是否继续作业。

（2）预防脚手架坍塌事故

1）加强对脚手架的日常检查和维护，重点检查架体基础变化、各种支撑及结构连接的受力情况。

2）当脚手架的前部基础沉陷或施工需要掏空时，应根据具体情况采取加固措施。

3）当隐患危及架体稳定时，应立即停止使用，并制定针对性措施，限期加固处理。

4）在支搭与拆除作业过程中要严格按规定和工作程序进行。

39. 高处作业事故预防

（1）高处作业事故

高处作业事故又称高处坠落事故，是指在高处作业中发生坠落造成的伤亡事故。可以根据高处作业的分类形式对高处坠落事故进行简单的分类。高处作业高度分为 2 米至 5 米、5 米以上至 15 米、15 米以上至 30 米及 30 米以上四个区段。直接引起坠落的客观危险因素分为以下 11 种：

1）阵风风力五级（风速每秒 8 米）以上。

2）Ⅱ级或Ⅱ级以上的高温作业。

3）平均气温等于或低于 5 摄氏度的作业环境。

4）接触冷水且水温等于或低于 12 摄氏度的作业。

5）作业场地有冰、雪、霜、水、油等易滑物。

6）作业场所光线不足，能见度差。

7）作业活动范围与危险电压带电体的距离小于相应的规定。

8）立足处不是平面或只有很小的平面，即任一边小于 500 毫米的矩形平面、直径小于 500 毫米的圆形平面或具有类似尺寸的其他形状的平面，致使作业者无法维持正常姿势。

9）Ⅲ级或Ⅱ级以上的体力劳动强度。

10）存在有毒气体或空气中含氧量低于19.5%的作业环境。

11）可能会引起各种灾害事故的作业环境和抢救突然发生的各种灾害事故。

（2）高处作业人员的注意事项

1）高处坠落事故在建筑施工领域经常发生。要避免此类事故，必须配齐建筑施工的"三宝"，即安全帽、安全带和安全网。

2）高处作业人员一般需要每年进行一次体格检查。患有心脏病、高血压、精神病、癫痫病的人，不可从事此类作业。

3）高处作业人员的衣着要符合规定，不可赤膊裸身，脚下要穿软底防滑鞋，绝不能穿拖鞋、硬底鞋和带钉易滑的靴鞋。操作时要严格遵守各项安全操作规程和劳动纪律。

4）攀登和悬空作业人员（如架子工、结构安装工等）作业危险性都比较大，因而此类人员应该进行培训和考核，考核合格后再持证上岗。

5）高处作业中所用的物料应该堆放平稳，不可放置在临边或洞口附近，也不可妨碍通行和装卸。

（3）高处作业的安全技术措施

1）设置安全防护设施，如防护栏杆、挡脚板、洞口的封口盖板、临时脚手架和平台、扶梯、防护棚（隔离棚）、安全网等。

2）设置通信装置，如为塔式起重机司机配备对讲机。

3）高处作业周边部位设置警示标志，夜间挂有红色警示灯。

4）设置足够的照明。

5）穿防滑鞋，正确佩戴和使用安全帽、安全带等安全防护用具。

6）设置供作业人员上下的扶梯和斜道。

40. 矿山事故预防

（1）入井安全注意事项

1）煤矿是高危行业，入井前要吃好、睡好、休息好，严禁过量饮酒，以保持充沛精力。

2）明火和静电可导致瓦斯爆炸及火灾，不能穿化纤衣服和携带香烟及点火物品下井。

3）入井前要随身佩戴矿灯、安全帽，携带自救器，配备不齐或设备不完好不能入井工作。

4）携带锋利工具时，要套好护套，防止伤人。

5）通过班前会可了解工作地点的安全生产情况，明确安全注意事项，掌握防范措施，保障作业安全，因此要按时参加班前会。

6）自觉遵守入井检身制度，听从指挥，排队入井，接受检身。

（2）矿井下乘车与行走安全要求

1）上下井乘罐、乘车、乘输送皮带要听从指挥，不能嬉戏打闹、抢上抢下。

2）要按照定员乘罐、乘车，并关好罐笼门、车门，挂好防护链。不能在机车上或两车厢之间搭乘。

3）人货混载十分危险，不要乘坐已装物料的罐笼、矿车。

4）开车信号已发出或罐笼、人车没有停稳时，严禁上下。

5）运送火工品时，要听从管理人员安排，火工品千万不能与上下班人员同罐、同车。

6）乘罐、乘车、乘输送皮带行驶途中，不能在罐内、车内躺卧和打瞌睡，不能将头、手脚和携带的工具伸到罐笼和车辆外面；不能在输送皮带上仰卧、打瞌睡、站立和行走，不能手扶输送皮带侧帮。

7）乘坐"猴车"（无级绳绞车）时，不触摸绳轮，做到稳上稳下。

（3）井下火灾事故的预防措施

井下火灾事故后果十分严重，会造成重大人员伤亡和财产损失，还会引发瓦斯、煤尘爆炸，导致灾害进一步扩大。因此，矿井火灾的防范极其重要。井下火灾事故的主要预防措施如下：

1）不能在井下用灯泡取暖和使用电炉、明火。

2）在没有得到批准的情况下，不得从事电焊、气焊作业。

3）不能将剩油、废油随意泼洒，也不能将用过的棉纱、碎布和纸张等易燃物品随意丢弃。

4)主动学会使用灭火器具,掌握灭火知识。火灾发生初期是灭火的最好时机,在发生火灾时,若火势不大,可直接组织身边人员灭火;若火灾范围大或火势太猛,现场人员无力抢救且自身安全受到威胁时,应迅速戴好自救器,听从指挥撤离灾区。

(4) 井下水灾事故的预防措施

1)矿井水灾事故是煤矿五大自然灾害之一,会造成重大人员伤亡。当观察到以下一种或几种征兆时,必须停止作业,判明情况,立即向领导或调度室报告,并从受水灾威胁的区域撤出:工作面变得潮湿,顶板滴水、淋水,岩石膨胀,底鼓,矿压增大,片帮冒顶,支架变形,有水叫声,煤层挂汗、挂红,工作面有害气体浓度增加且有时带有臭鸡蛋味等。

2)探水作业经常会发生意外,进行探水作业时,要预先开好躲避硐室,加强支护,规定好联络信号和避灾路线,并经常检查瓦斯浓度。当钻进中遇到异常情况时,不要轻易移动或拔出钻杆、擅自放水,要及时向领导或调度室报告,情况危急时,要立即撤出。

(5) 井下发生事故时的紧急避灾措施

1)有效的自救和互救可减少事故伤亡,挽救自己和他人的生命,因而要主动学习和掌握矿井灾害预防知识和自救、互救知识,熟悉井下避灾路线。

2)发生事故后,及时报警可增加获救的机会,赢得抢救的时间。在事故发生后要充分利用附近的电话或派出人员迅速将事故情况向领导或调度室报告。

3）避灾过程中，要保持镇静，沉着应对，不要惊慌，不要乱喊乱跑；要遵守纪律，听从指挥，绝不可单独行动。

4）紧急避灾撤离事故现场时，要迎着风流，向进风井口撤离，并在沿途留下标记。

5）无法安全撤离灾区时，要迅速进入预先构筑的躲避硐室或其他安全地点暂避，在硐室外留下明显标记，并不时敲打轨道或铁管以发出求救信号。撤离路线被封堵时，不要冒险闯过火区或泅过被水封堵的通道。

6）抢救窒息或心搏、呼吸骤停的伤员时，要先复苏，后搬运；抢救出血的伤员时，要先止血，后搬运；抢救骨折的伤员时，要先固定，后搬运。

7）正确避灾可避免或减少人员伤亡。遇到瓦斯、煤尘爆炸事故时，要迅速背向空气震动的方向，脸朝下卧倒，并用湿毛巾捂住口鼻，以防吸入大量有毒气体；与此同时，要迅速戴好自救器，选择顶板坚固、有水或离水较近的地方躲避。

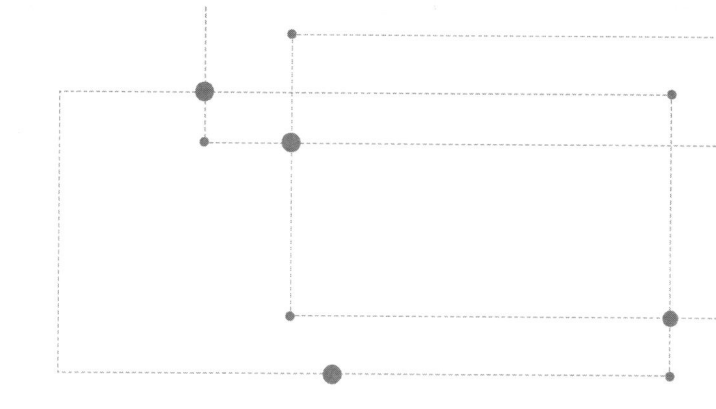

第 5 章

职业病防治

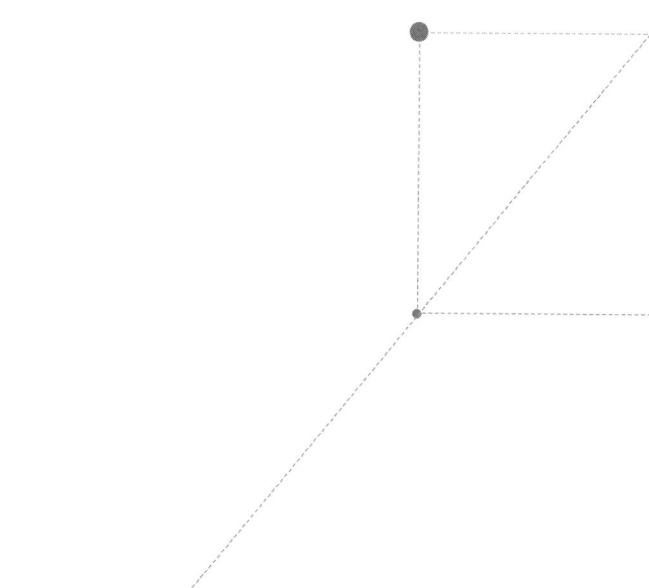

41. 职业病的概念

当职业病危害因素作用于人体的强度与时间超过一定限度时，人体不能代偿其造成的功能性或器质性病变，从而出现相应的临床征兆，影响劳动能力，就会产生职业性相关疾病。《职业病防治法》对职业病作出了明确的定义：职业病是指企业、事业单位和个体经济组织等用人单位的劳动者在职业活动中，因接触粉尘、放射性物质和其他有毒、有害因素而引起的疾病。这个定义明确了职业病的病因指的是对从事职业活动的劳动者可能导致职业病的各种职业病危害因素。

职业病是一种人为的疾病。它的发生率或患病率，直接反映疾病预防控制工作的水平。世界卫生组织对职业病的定义，除医学的含义外，还赋予立法意义，即由国家所规定的"法定职业病"。

42. 职业病分类

2013年12月23日，国家卫生计生委、人力资源社会保障部、国家安全监管总局、全国总工会四部门联合印发《职业病分类和目录》（以下简称《分类和目录》）。该《分类和目录》将职业病分为10类132种，具体如下：

（1）职业性尘肺病及其他呼吸系统疾病（如硅肺、煤工尘肺等共19种）。

（2）职业性皮肤病（如接触性皮炎、电光性皮炎等共 9 种）。

（3）职业性眼病（如化学性眼部灼伤、白内障等共 3 种）。

（4）职业性耳鼻喉口腔疾病（如噪声聋、铬鼻病等共 4 种）。

（5）职业性化学中毒（如汞及其化合物中毒、氯气中毒等共 60 种）。

（6）物理因素所致职业病（如中暑、减压病等共 7 种）。

（7）职业性放射性疾病（如外照射急性放射病、内照射放射病等共 11 种）。

（8）职业性传染病（如炭疽、森林脑炎等共 5 种）。

（9）职业性肿瘤（如石棉所致肺癌、苯所致白血病等共 11 种）。

（10）其他职业病（如金属烟热、井下工人滑囊炎等共 3 种）。

43. 职业病危害因素及其分类

职业病危害因素是指与生产有关的劳动条件，包括生产过程、劳动过程和生产环境中对职工健康和劳动能力产生有害作用的职业因素。职业病危害因素按其性质可以分为以下几种：

（1）化学因素

1）生产性毒物

生产性毒物主要包括铅、锰、铬、汞、有机氯农药、有机磷农药、一氧化碳、二氧化碳、硫化氢、甲烷、氨、氮氧化物等。接触或在含有毒物的环境中作业，可能引起多种职业中毒，如汞中毒、苯中毒等。

2）生产性粉尘

生产性粉尘主要包括滑石粉尘、铅粉尘、木质粉尘、骨质粉尘、合成纤维粉尘。长期在含有生产性粉尘的环境中作业，可能引起各种尘肺，如石棉肺、煤肺、金属肺等。

(2) 物理因素

1）异常的气象条件

异常的气象条件主要包括生产场所气温、湿度、气流及热辐射的异常。在高温和强烈热辐射条件下作业，可能引发热射病、热痉挛、日射病等。

2）异常气压

异常气压指高气压和低气压。潜水作业在高压下进行，可能引发减压病；高山和航空作业在低压下进行，可能引发高山病或航空病。

3）噪声和振动

强烈的噪声作用于听觉器官，可引起职业性耳聋等疾病；长期在强烈振动环境中作业，可引起振动病。

4）辐射线

辐射线是指在工作环境中存在的红外线、紫外线、X射线、无线电波，可能引发放射性疾病。

(3) 生物因素

生物因素包括皮毛上的炭疽杆菌及森林脑炎病毒、布鲁氏菌等。

(4) 其他因素

1）劳动组织和制度不合理。
2）劳动强度过大或生产定额不当。
3）个体个别器官或系统过度紧张。
4）生产场所建筑设施不符合国家职业卫生标准和要求。
5）缺乏适当的机械通风、人工照明等安全技术措施。
6）缺乏防尘、防毒、防暑降温、防寒保暖等设施，或设施不完善。
7）安全防护设备或劳动防护用品有缺陷。

44. 各行业职业病危害因素

(1) 化工行业职业病危害因素

化工产品种类繁多，与各行各业生产密切相关，是许多行业不可缺少的原料。化工行业生产过程还常常具有高温、高压、易燃、易爆及易腐蚀等特点，因此，化工行业的职业病危害主要表现为职业中毒。

化工行业中的刺激性毒物常引起呼吸系统损害，严重时可导致肺水肿；氰化物、砷、硫化氢、一氧化碳、醋酸胺、有机氟等易引起中毒性休克；砷、锑、钡、有机汞、三氯乙烷、四氯化碳等易引起中毒性心肌炎；黄磷、四氯化碳、三硝基甲苯、三硝基氯苯等可引起肝损伤；重金属盐可造成中毒性肾损伤；窒息性气体、刺激性气体以及亲神经性毒物均可引起中毒性脑水肿；苯的慢性中毒主要损害血液系统，表现为白细胞、血小板减少及贫血，严重时出现再生障碍性贫血；汞、铅、锰等可引起严重的中枢神经系统损害。

橡胶行业、石油行业、印染行业、油漆涂料行业还多发职业性肿瘤。

(2) 矿山行业职业病危害因素

矿山开采中主要的职业病危害因素包括生产性粉尘、有害气体、不良气象条件、噪声和振动等。同时，由于井下劳动强度大、作业姿势不良、采光照明不佳等，易发生外伤等意外事故。

1) 生产性粉尘

生产性粉尘是矿山行业中主要的有害因素，矿山生产过程中可产生大量的含硅量较高的粉尘。矿工患尘肺病的可能性较高。

2) 有害气体

在矿山生产过程中可能会接触到瓦斯、一氧化碳、二氧化碳、氮氧化物、硫化氢等有害气体，浓度过高时可使人中毒、窒息，甚至死亡。

3) 不良气象条件

矿山井下气象条件的特点是气温高、湿度大、温差大。因此，矿工易患感冒、上呼吸道炎症及风湿性疾病。

4）其他危害因素

风动工具、带式输送机发出的噪声和振动，可引起职业性噪声聋和振动病。劳动强度大和不良作业姿势易使矿工患腰腿痛、关节炎等。矿山开采中的片帮冒顶以及运输过程中发生的和机械造成的事故是矿工外伤发生的主要原因。

(3) 冶金行业职业病危害因素

冶金工业生产中主要的危害因素有高温、强热辐射、粉尘、一氧化碳和噪声等。

1）高温和强热辐射

在冶金生产中，矿粉的加工烧结、炼焦、炼铁、炼钢、轧钢等环节都属于高温作业，因此职工较易发生中暑。灼热的物体辐射出的大量红外线易引起职业性白内障。

2）粉尘

在生产中，从井下开采、运输、破碎到选矿、混料、烧结等环节都有很高浓度的粉尘，职工长期接触会导致尘肺，多为硅肺。

3）一氧化碳

一氧化碳在煤气中的含量约为30%，故在接触煤气的岗位，如不注意防护，就可能发生一氧化碳中毒。

4）其他

空压机、风机、轧钢机等发出的强噪声，易引起职业性噪声聋；冶金行业职工接触火焰、钢水、钢渣、钢锭的机会较多，极容易发生烧灼伤；接触高温辐射的职工易发生火激红斑、色素沉着、毛囊炎及皮肤化脓等疾患；高温作用会使肠道活动出现抑制反应，导致消化不良和胃肠道疾患增多，且冶金行业职工高血压的发病率也比一般职工高。

(4) 机械行业职业病危害因素

机械行业职业病危害因素主要包括以下几个方面：

1) 生产性粉尘

机械行业主要的粉尘作业是铸造。型砂配制、制型、落砂、清砂等过程都会使粉尘飞扬，特别是用喷砂工艺修整铸件时，粉尘浓度很高，所用的石英危害较大。在机械加工过程中，对金属零件的磨光与抛光会产生金属和矿物粉尘，可引起磨工尘肺。电焊时焊药、焊条芯及被焊接的材料在高温下蒸发会产生大量的电焊粉尘和有害气体，长期吸入较高浓度的电焊粉尘可引起电焊工尘肺。

2) 高温、热辐射

机械制造厂的高温和热辐射主要存在于铸造、锻造和热处理作业中。铸造车间的熔炉、干燥炉、熔化的金属、热铸件、锻造及热处理车间的加热炉和炽热的金属部件都会产生强烈的热辐射，形成高温环境，严重时会引发中暑。

3) 有害气体

熔炼炉和加热炉均可产生一氧化碳和二氧化碳，在加料口处的浓度往往很高；用酚醛树脂等作黏合剂时易产生甲醛和氨；黄铜熔炼时会产生氧化锌烟，引起"铸造热"；热处理时可产生有机溶剂蒸气，如苯、甲苯、甲醇等；电镀时可产生铬酸雾、镍酸雾、硫酸雾及氰化氢；电焊时可产生一氧化碳和氮氧化物；喷漆时可产生苯、甲苯及二甲苯蒸气。

4) 噪声、振动和紫外线

机械制造过程中，使用砂型捣固机、风动工具、锻锤、砂轮磨光、铆钉等,均可产生强烈的噪声;电焊、气焊、氩弧焊及等离子弧焊可产生紫外线,如防护不当,均可引起电光性眼炎。

5)重体力劳动和外伤、烫伤

在机械化程度较差的企业,浇铸、落砂、手工锻造等都是较繁重的体力劳动,即使使用气锤或水压机,由于需要变换工件的位置和方向,体力劳动强度也很大;同时,高温作业易引起体温调节和心血管系统功能的改变。铸造和锻造作业的外伤及烫伤率较高,多是铁水、钢水、铁屑、铁渣飞溅所致;机加工车间发生眼、手指外伤的较多。另外,金属切削过程中使用的冷却液对职工的皮肤也有一定的危害。

45. 导致职业病发生的主要条件

职业病的发生常与生产过程和作业环境有关,还受个体特征差异的影响。在同一职业危害的作业环境中,由于个体特征差异,各人所受的影响可能有所不同。这些个体特征包括性别、年龄、健康状态和营养状况等。人体受到环境中直接或间接有害因素危害时,不一定都会发生职业病。职业病的发病过程,还取决于下列三个主要条件:

(1) 有害因素本身的性质

有害因素的理化性质和作用部位与发生职业病密切相关。如电磁辐射透入组织的深度和危害性,主要取决于其波长。生产性毒物的理化性质及其对组织的亲和性与毒性作用有直接关系，例如，汽油和二硫化碳具有明显的脂溶性，对神经组织有密切的亲和作用，因此首先损害神经系统。一般物理因素常在接触时有作用，脱离接触后体内不存在残留，而化学因素在脱离接触后，作用还会持续一段时间或长期存在。

(2) 有害因素作用于人体的量

物理和化学因素对人的危害都与量有关，导致职业病发生的有害因素的量和浓度，是确诊的重要参考。但应该认识到，有些有害物质能在体内蓄积，少量和长期接触也可能引起职业性损害以致职业病发生。认真查询职业病病人与某种因素的接触时间及接触方式，对职业病诊断具有重要价值。

(3) 劳动者个体易感性

健康的人体对有害因素的防御能力是多方面的。某些物理因素停止接触后，被扰乱的生理功能可以逐步恢复。但是抵抗力和身体条件较差的人员对于进入体内的毒物解毒和排毒功能较差，更易受到损害。

46. 职业病预防原则

预防职业病危害应遵循以下三级预防原则：

(1) 一级预防

从根本上使劳动者不接触职业病危害因素，如改变工艺，改进生产过程，确定容许接触量或接触水平，使生产过程达到安全标准,对人群中的易感者根据职业禁忌证避免有关人员进入职业禁忌岗位。

(2) 二级预防

在一级预防达不到要求、职业病危害因素已开始损害劳动者的健康时,应及时发现,采取补救措施,主要工作是对劳动者健康的早期检测与对职业病危害因素的及时处理,防止其进一步发展。

(3) 三级预防

三级预防要求对已患职业病者,应做出正确诊断,及时处理,包括及时脱离接触进行治疗、防止恶化和并发症,使其恢复健康。

47. 职业病危害因素防治

(1) 生产性粉尘的危害与防治

1) 生产性粉尘对人体造成的危害

生产性粉尘进入人体后,根据其性质、沉积的部位和数量的不同,可引起不同的病变。主要包括以下几种:

①尘肺。长期吸入一定量的某些粉尘可引起尘肺,这是生产性粉尘引起的最严重的危害。

②粉尘沉着症。吸入某些金属粉尘(如铁、钡、锡等)达到一定量时,会对人体造成危害。

③有机粉尘可引起变态性病变。某些有机粉尘，如发霉的稻草、羽毛等可引起间质肺炎或外源性过敏性肺泡炎以及过敏性鼻炎、皮炎、湿疹或支气管哮喘。

④呼吸系统肿瘤。有些粉尘已被确定为致癌物，如放射性粉尘、石棉、镍、铬、砷等。

⑤局部作用。粉尘可使呼吸道黏膜受损。经常接触粉尘还可引起皮肤、耳部、眼部的疾病。粉尘堵塞皮脂腺，可使皮肤干燥，引起毛囊炎、脓皮病等。金属和磨料粉尘可引起角膜损伤，导致角膜浑浊。沥青在日光下可引起光感性皮炎。

⑥中毒作用。吸入的铅、砷、锰等有毒粉尘能在支气管和肺泡壁上溶解并被吸收，引起中毒。

2) 综合防尘措施

综合防尘措施可概括为八个字，即"革、水、密、风、管、教、护、检"。

①"革"：工艺改革。以低粉尘、无粉尘物料代替高粉尘物料，以不产尘设备、低产尘设备代替高产尘设备，这是减少或消除粉尘污染的根本措施。

②"水"：湿式作业可以有效地防止粉尘飞扬。例如，矿山开采的湿式凿岩、铸造业的湿砂造型等。

③"密"：密闭尘源。使用密闭的生产设备或者将敞口设备换成密闭设备。这是防止和减少粉尘外逸、治理作业场所空气污染的重要措施。

④"风"：通风排尘。受生产条件限制，设备无法密闭或密闭后仍有粉尘外逸时，要采取通风措施，将产尘点的含尘气体直接抽走，确保作业场所空气中的粉尘浓度符合国家卫生标准。

⑤ "管"：领导要重视防尘工作，改善防尘设施，加强维护管理，确保设备良好、高效运行。

⑥ "教"：加强防尘工作的宣传教育，普及防尘知识，使接尘人员对粉尘危害有充分的了解和认识。

⑦ "护"：受生产条件限制，当粉尘无法控制或在高浓度粉尘条件下作业时，必须合理、正确地使用防尘口罩、防尘服等劳动防护用品。

⑧ "检"：定期对接尘人员进行体检；对从事特殊作业的人员应发放保健津贴；有作业禁忌证的人员，不得从事接尘作业。

（2）生产性毒物的危害与防治

1）生产性毒物对人体造成的危害

接触生产性毒物引起的中毒称为职业中毒。生产性毒物可作用于人体的多个系统。

①神经系统。铅、锰中毒可损伤运动神经、感觉神经，引起周围神经炎。震颤常见于锰中毒或急性一氧化碳中毒后遗症，重症中毒时可发生脑水肿。

②呼吸系统。一次性大量吸入高浓度的有毒气体可引起窒息。长期吸入刺激性气体能引起慢性呼吸道炎症，可出现鼻炎、咽炎、支气管炎等上呼吸道炎症。长期吸入大量刺激性气体可引起严重的呼吸道病变，如化学性肺水肿和肺炎。

③血液系统。铅可引起贫血。苯及三硝基甲苯等毒物可抑制骨髓的造血功能，表现为白细胞和血小板减少，严重者可发展为再生障碍性贫血。一氧化碳可与血液中的血红蛋白结合形成碳氧血红蛋白，使组织缺氧。

④消化系统。汞盐、砷等毒物大量经口进入人体后,可导致腹痛、恶心、呕吐与出血性肠胃炎。铅及铊中毒时,可出现剧烈的、持续性的腹绞痛,并有口腔溃疡、牙龈肿胀、牙齿松动等症状。长期吸入酸雾,可使牙釉质破坏、脱落。四氯化碳、溴苯、三硝基甲苯等可引起急性或慢性肝病。

⑤泌尿系统。汞、铀、砷化氢、乙二醇等可引起中毒性肾病,如急性肾功能衰竭、肾病综合征和肾小管综合征等。

⑥其他。生产性毒物还可引起皮肤、眼睛、骨骼病变。许多化学物质可引起接触性皮炎、毛囊炎。接触铬、铍的职工皮肤易发生溃疡,例如长期接触焦油、沥青、砷等可引起皮肤黑变病,甚至诱发皮肤癌。酸、碱等腐蚀性化学物质可引起刺激性眼结膜炎或角膜炎,严重者可引起化学性灼伤。溴甲烷、有机汞、甲醇等中毒,可造成视神经萎缩,以致失明。有些工业毒物还可诱发白内障。

2) 职业中毒的防治措施

防治职业中毒必须采取综合性的措施,具体内容如下:

①消除毒物。从生产工艺流程中消除有毒物质,用无毒物或低毒物代替有毒物,改革能产生有害因素的工艺过程,改造技术设备,实现生产的密闭化、连续化、机械化和自动化,消除或减少作业人员直接接触有害物质的机会。

②密闭、隔离有害物质污染源,控制有害物质逸散。对逸散到作业场所的有害物质要采取通风措施,控制有害物质的飞扬、扩散。

③加强对有害物质的监测,控制有害物质的浓度,使其低于国家有关标准规定的最高容许浓度。

④加强对毒物及其预防措施的宣传教育。建立健全安全生

产责任制、卫生责任制和岗位责任制。

⑤加强个人防护。在存在毒物的作业场所作业，应使用防护服、防护面具、防毒面罩、防尘口罩等劳动防护用品。

⑥提高机体免疫力。因地制宜地开展体育锻炼，注意休息，加强营养，做好季节性多发病的预防。

⑦接触毒物的作业人员要定期进行健康检查。必要时实行转岗、换岗作业。

(3) 生产性噪声的危害与防治

1) 生产性噪声的分类

在生产过程中产生的一切声音都称为生产性噪声。生产性噪声按其声音的来源可大致分为如下三种：

①机械性噪声。机器转动、摩擦、撞击而产生的噪声，如各种车床、纺织机、凿岩机、轧钢机、球磨机等机械发出的声音。

②空气动力性噪声。气体体积突然发生变化引起压力突变或气体中有涡流，引起气体分子扰动而产生的噪声，如鼓风机、通风机、空气压缩机、燃气轮机等发出的声音。

③电磁性噪声。电机中交变应力相互作用而产生的噪声，如发电机、变压器、电动机发出的声音。

2) 生产性噪声的危害

噪声对人体的影响是全身性的、多方面的。噪声会妨碍正常的工作和休息。在噪声环境中工作，人容易感觉疲乏、烦躁，并出现注意力不集中、反应迟钝、准确性降低等问题，直接影响作业能力和效率。由于噪声掩盖了作业场所的危险信号或警报，使人不易察觉，往往还可导致工伤事故的发生。长期接触强烈噪声会对人体以下系统产生有害影响：

①听力系统。噪声的有害作用主要是对听力系统的损害。强噪声可导致永久性听力下降，引起噪声聋；极强噪声可导致听力器官发生急性外伤，即爆震性聋。

②神经系统。长期接触噪声可导致大脑皮层兴奋和抑制功能的平衡失调，出现头痛、头晕、心悸、耳鸣、疲劳、睡眠障碍、记忆力减退、情绪不稳定、易怒等症状。

③其他系统。长期接触噪声可引起其他系统的应激反应，如可导致心血管系统疾病加重，引起肠胃功能紊乱等。

3）生产性噪声的防治

采用一定的措施可以降低噪声强度和减小噪声危害，主要措施如下：

①采取技术措施控制噪声的产生和传播，即消声和隔声，如使用汽车排气消声器、隔声墙、隔声罩、隔声地板等。

②加强个人防护，使用劳动防护用品。

a）合理使用耳塞。防噪声耳塞、耳罩具有一定的防噪声效果。根据耳道大小选择合适的耳塞，隔声效果可达 30~40 分贝，且对高频噪声的阻隔效果更好。

b）改善劳动作业安排。工作日中穿插休息时间，休息时间离开噪声环境，限制噪声作业的工作时间，可减轻噪声对人体的危害。

③卫生保健措施。接触噪声的人员应定期进行体检。体检时以听力检查为重点，对于已出现听力下降者，应加以治疗和加强观察，重者应调离噪声作业岗位。有明显的听觉器官疾病、心血管病、神经系统器质性疾病者不得参加接触强烈噪声的工作。

(4) 高温作业的危害与防治

1) 高温作业对人体造成的危害

当高温环境的热强度超过一定限度时,可对人体产生多方面的不利影响,主要如下:

①影响人体热平衡。在高温环境下作业可导致体温上升。当体温上升到38摄氏度以上时,一部分人即可表现出头痛、头晕、心慌等症状。严重者可能导致中暑或热衰竭。

②影响水盐代谢。高温作业职工由于排汗增多而丧失大量水分、盐分,若不能及时补充,可出现工作效率降低、乏力、口渴、脉搏加快、体温升高等现象。

③影响循环系统。在高温条件下作业,皮肤血管扩张,血管紧张度降低,可使血压下降。但在高温与重体力劳动相结合的情况下,血压也可增高,但舒张压一般不增高,甚至略有降低。高温作业还会导致脉搏加快,心脏负担加重。

④影响消化系统。在高温环境下作业,易引起消化道胃液分泌减少,因而造成食欲减退。高温作业职工消化道疾病患病率往往高于一般职工,而且工龄越长,患病率越高。

⑤影响泌尿系统。长期在高温条件下作业,若水和盐供应不足,可使尿浓缩,增加肾脏负担,有时会导致肾功能不全。

⑥影响神经系统。在高温、热辐射环境下作业,可出现中枢神经系统抑制,注意力和肌肉工作能力降低,动作的准确性和协调性变差,易发生工伤事故。

2) 高温作业危害防治措施

做好防暑降温工作,必须采取综合性措施,主要包括以下内容:

①做好防暑降温的组织保障，加强宣传教育。

②改革工艺，改进设备，认真落实隔热与通风的技术措施。

③保证休息。高温下作业应尽量缩短工作时间，可采用小换班、增加工作休息次数、延长午休时间等方法。休息地点应远离热源，并备有清凉饮料、风扇、洗澡设备等。有条件的可在休息室安装空调或采取其他防暑降温措施。

④高温作业人员应适当饮用合乎卫生要求的含盐饮料，以补充人体所需的水分和盐分。增加蛋白质、热量、维生素等的摄入，以减轻疲劳，提高工作效率。

⑤加强个人防护。高温作业的工作服应结实、耐热、宽大、便于操作。应按不同作业需要，佩戴工作帽、防护眼镜、隔热面罩，穿隔热靴等。

⑥高温作业人员应进行就业前和入暑前体检，凡有心血管系统疾病、高血压、胃溃疡、肺气肿以及肝病、肾病等疾病的人员不宜从事高温作业。

48. 从业人员职业卫生权利和义务

（1）从业人员的职业卫生权利

1）获得职业卫生教育、培训的权利。

2）获得职业健康检查、职业病诊疗、康复等职业病防治服务的权利。

3）了解工作场所产生或者可能产生的职业病危害因素、

危害后果和应当采取的职业病防治措施的权利。

4）要求用人单位提供符合要求的职业病防护设施和个人使用的职业病防护用品,改善工作条件的权利。

5）对违反职业病防治法律、法规、规章和国家标准及行业标准,危及生命健康的行为提出批评、检举和控告的权利。

6）拒绝违章指挥和强令进行没有职业病防护措施的作业的权利。

7）参与用人单位职业卫生工作的民主管理,对职业病防治工作提出意见和建议的权利。

(2) 从业人员的职业卫生义务

为了保护自身健康,劳动者在职业病防治中应当履行以下义务:

1）认真接受用人单位的职业卫生培训,努力学习和掌握必要的职业卫生知识。

2）遵守职业卫生法律、法规、制度和操作规程。

3）正确使用与维护职业病防护设备及个人防护用品。

4）及时报告事故隐患。

5）积极配合上岗前、在岗期间和离岗时的职业健康检查。

6）如实提供职业病诊断、鉴定所需的有关资料等。

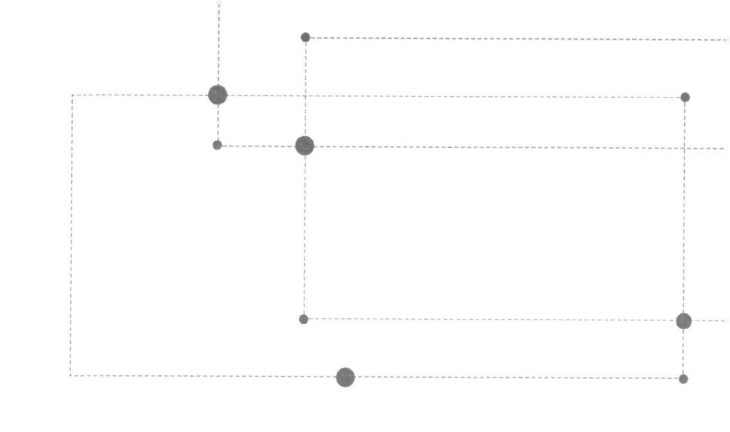

第6章

劳动防护用品配置

49. 劳动防护用品的分类

劳动防护用品是指由用人单位为职工配备的，使其在劳动过程中免遭或者减轻事故伤害及职业病危害的个人防护用品。

（1）按用途以及防护部位分类

按照用途以及防护部位，劳动防护用品可以分为以防止伤亡事故为目的的防护用品、以预防职业病为目的的防护用品和以防护人体指定部位为目的的防护用品。

1）以防止伤亡事故为目的的防护用品包括：防坠落用品，如安全带、安全网等；防冲击用品，如安全帽、防冲击护目镜等；防触电用品，如绝缘服、绝缘鞋、等电位工作服等；防机械外伤用品，如防刺、割、绞、碾、磨损用的防护服、防护鞋、防护手套等；防酸碱用品，如耐酸碱手套、耐酸碱防护服和耐酸碱靴等；耐油用品，如耐油防护服、耐油鞋和耐油靴等；防水用品，如胶质工作服、雨衣、雨鞋和雨靴、防水手套等；防寒用品，如防寒服、防寒鞋、防寒帽、防寒手套等。

2）以预防职业病为目的的防护用品包括：防尘用品，如防尘口罩、防尘服等；防毒用品，如防毒面具、防毒服等；防放射性用品，如防放射性服、铅玻璃眼镜等；防热辐射用品，如隔热防护服、防辐射隔热面罩、电焊手套、有机防护眼镜等；防噪声用品，如耳塞、耳罩、耳帽等。

3）以防护人体指定部位为目的的防护用品包括：头部防护用品，如防护帽、安全帽、防寒帽、防昆虫帽等；呼吸器官防护用品，如防尘口罩（面罩）、防毒口罩（面罩）等；眼面部防护用品，如焊接护目镜、炉窑护目镜、防冲击护目镜等；手部防护用品，如一般防护手套、各种特殊防护（防水、防寒、防高温、防振）手套、绝缘手套等；足部防护用品，如防尘、防水、防油、防滑、防高温、耐酸碱、防振鞋（靴）及电绝缘鞋（靴）等；躯干防护用品，通常称为防护服，如一般防护服、防水服、防寒服、防油服、防电磁辐射服、隔热服、耐酸碱服等。

（2）其他分类

劳动防护用品还可以分为特种劳动防护用品与一般劳动防护用品。特种劳动防护用品是指在劳动过程中预防或减轻严重伤害和职业危害的劳动防护用品，一般劳动防护用品是指除特种劳动防护用品以外的防护用品。

50. 特种劳动防护用品

国家对特种劳动防护用品实行安全标志管理制度。特种劳动防护用品可分为以下六类：

（1）头部护具类，如安全帽等。

（2）呼吸护具类，如防尘口罩、过滤式防毒面具、自给式空气呼吸器、长管面具等。

（3）眼（面）部护具类，如焊接眼（面）部防护具、防冲击眼护具等。

（4）防护服类，如阻燃防护服、防酸工作服、防静电工作服等。

（5）防护鞋类，如保护足趾安全鞋、防静电鞋、导电鞋、防刺穿鞋、胶面防砸安全靴、电绝缘鞋、耐酸碱皮鞋、耐酸碱胶靴、耐酸碱塑料模压靴等。

（6）防坠落护具类，如安全带、安全网、密目式安全立网等。

51. 劳动防护用品的作用

劳动防护用品是保护职工不受职业危害的最后一道防线，职工应随身携带并正确使用。当劳动安全卫生技术措施尚不能消除生产劳动过程中的危险及有害因素，达不到国家标准、行业标准及有关规定，也暂时无法进行技术改造时，使用劳动防护用品就成为既能完成生产劳动任务，又能保障职工安全与健康的一种手段。劳动防护用品的主要作用如下：

（1）隔离和屏蔽作用

隔离和屏蔽作用是指使用一定的隔离或屏蔽方式使人体免受有害因素的侵害。例如，劳动防护用品能很好地隔绝外界的某些刺激，避免皮肤发生皮炎等病态反应。

（2）过滤和吸附（收）作用

过滤和吸附（收）作用是指借助劳动防护用品中某些聚合物本身的活性基或多孔物质对毒物的吸附作用，洗涤空气。例如，利用活性炭等多孔物质可吸附有害物质。

【知识拓展】

劳动防护用品的质量优劣直接关系职工是否能安全健康，因此其必须经劳动防护用品质量监督检查机构检验合格，并核发生产许可证和产品合格证。其基本要求如下：

（1）必须严格保证质量，具有足够的防护性能，安全可靠。

（2）劳动防护用品所选用的材料必须符合人体生理要求，不能成为又一种有害因素的来源。

（3）劳动防护用品要使用方便，不影响正常工作。

52. 劳动防护用品的特点

劳动防护用品是保护职工安全与健康所采取的必不可少的辅助措施，是防止职业中毒等职业伤害的最后一项有效措施。同时，它又与职工的福利待遇以及保障产品质量、产品卫生和生活卫生需要的非防护性的工作用品有着原则性的区别。具体来说，劳动防护用品具有以下几个特点：

（1）特殊性

劳动防护用品不同于一般的商品，是保障职工安全与健康的特殊用品，用人单位必须按照国家有关标准和规范进行选择和发放。尤其是特种劳动防护用品，因其具有特殊的防护功能，国家在生产、使用、购买等环节中都有严格的要求。

(2) 适用性

劳动防护用品的适用性既包括劳动防护用品选择的适用性，也包括使用的适用性，即必须根据不同的工种和作业环境以及使用者的自身特点等选用合适的劳动防护用品。

(3) 时效性

劳动防护用品都有一定的使用寿命。例如，橡胶、塑料等制品长时间受紫外线及冷热温度影响会逐渐老化而易折断；有些护目镜和面罩受光线照射和人为擦拭，或者受空气中酸、碱蒸气的腐蚀，镜片的透光率会逐渐下降而失去使用价值；一些劳动防护用品的零件长期使用会磨损，影响力学性能；有些劳动防护用品的保存条件如温度及湿度等，也会影响其使用寿命。

53. 常见劳动防护用品的正确使用

(1) 正确佩戴安全帽

1) 首先检查安全帽的外壳是否破损（如有破损，其分解和削弱外来冲击力的性能就已减弱或丧失，不可再用），有无合格帽衬（帽衬的作用是吸收和缓解冲击力，若无帽衬，则丧失了保护头部的功能），帽带是否完好。

2) 调整好帽衬顶端与帽壳内顶的间距（4~5厘米），调整好帽箍。

3）安全帽必须戴正。如果未戴正，一旦受到打击，就起不到减轻对头部冲击的作用。

4）必须系紧下颌带，戴好安全帽。如果不系紧下颌带，一旦发生构件坠落打击事故，安全帽就容易掉下来，导致严重后果。现场作业中，切记不得将安全帽脱下搁置一旁，或当坐垫使用。

（2）正确使用安全带

1）应当检查安全带是否经质检部门检验合格，在使用前应检查各部分构件有无破损。

2）安全带上的任何部件都不得私自拆换。

3）在使用过程中，安全带应高挂低用，并防止摆动、碰撞、避免尖刺，不得接触明火，不能将钩直接挂在安全绳上，应挂在连接环上。

4）严禁使用打结和续接的安全绳，以防坠落时腰部受到较大冲力伤害。

5）作业时应将安全带的钩、环挂在系留点上，确保连接牢固，以防脱落。

6）在温度较低的环境中使用安全带时，要注意防止安全绳硬化割裂。

7）使用后，将安全带、绳卷成盘状放在无化学试剂的避光处，切不可折叠。可在金属配件上涂些机油，以防生锈。

（3）正确选用防护手套

1）防护手套的品种很多，首先应明确防护对象，根据防护功能来选用，切记不要误用。

2）耐酸、耐碱手套使用前应仔细检查表面是否有破损，可采取的简易办法是向手套内吹气，用手捏紧套口，观察是否漏气，漏气则不能使用。

3）绝缘手套要根据电压等级选用，使用前应检查表面有无裂痕或发黏、发脆等缺陷，如有异常则禁止使用。

4）焊工手套应有足够的长度，使用前应检查皮革或帆布表面有无僵硬、磨损、洞眼等残缺现象。

5）橡胶、塑料等防护手套用后应冲洗干净、晾干，并撒上滑石粉以防粘连，保存时避免高温。

(4) 正确使用防尘口罩

1）仔细阅读使用说明，了解适用性和防护功能，使用前应检查是否完好。

2）进入危害环境前，应正确佩戴好防尘口罩，进入危害环境后应始终坚持佩戴。

3）部件出现破损、断裂和丢失，以及明显感觉呼吸阻力增加时，应废弃整个口罩。

4）发现口罩有失效迹象时，按照使用说明及时更换。

5）防止挤压变形、污染、进水。

6）使用后要仔细保养，防尘过滤布不得水洗。

(5) 正确使用安全防护鞋

安全防护鞋鞋底一般采用聚氨酯材料一次注塑成型，具有耐油、耐磨、耐酸碱、绝缘、防水、轻便等优点。安全防护鞋的选用应根据工作环境的危害性质和危害程度进行。安全防护鞋应有产品合格证和产品说明书。使用前应对照使用的条件阅读说明书，使用方法要正确。建筑施工现场上常用的有绝缘鞋（靴）、防刺穿鞋、焊接防护鞋、耐酸碱橡胶靴及皮安全鞋等。

安全防护鞋的选择和使用应符合下列要求：

1）安全防护鞋除了应根据作业条件选择适合的类型外，还要挑选合适的鞋号。

2）各种不同性能的安全防护鞋，要达到各自防护性能的技术指标，如脚趾不被砸伤，脚底不被刺伤，绝缘导电等要求。

3）使用安全防护鞋前要认真检查或测试，在电气作业和酸碱作业中，破损和有裂纹的安全防护鞋都是有危险的。

4）用后应检查并保持清洁，存放于无污染、干燥的地方。

54. 劳动防护用品使用的注意事项

在工作场所必须按照要求佩戴和使用劳动防护用品。劳动防护用品是根据生产工作的实际需要发给个人的，每位职工在生产工作中都要好好地应用它，以达到预防事故、保障个人安全的目的。使用劳动防护用品要注意的问题如下：

（1）应针对防护目的，正确选择符合要求的劳动防护用品，绝不能选错或将就使用，以免发生事故。

（2）对使用劳动防护用品的人员应进行教育和培训，使其充分了解使用目的和意义，并正确使用。对于结构和使用方法较为复杂的劳动防护用品，如呼吸防护器，应进行反复训练，使人员能熟练使用。用于紧急救灾的呼吸器，要定期严格检验，并妥善存放在可能发生事故的地点附近，方便取用。

（3）妥善维护保养劳动防护用品，不但能延长其使用期限，更重要的是能确保劳动防护用品的防护效果。耳塞、口罩、面罩等用后应用肥皂、清水洗净，并用药液消毒、晾干。过滤式呼吸防护器的滤料要定期更换，以防失效。防止皮肤污染的工作服用后应集中清洗。

（4）劳动防护用品应有专人管理、维护、保养，保证劳动防护用品能充分发挥其作用。

55. 从业人员配备劳动防护用品的义务

从业人员在劳动生产过程中应履行按规定佩戴和使用劳动防护用品的义务。

按照法律法规的规定，为保障人身安全，用人单位必须为从业人员提供必要的、安全的劳动防护用品，以避免或者减轻作业中的人身伤害。但在实践中，由于一些从业人员缺乏安全知识，心存侥幸或嫌麻烦，往往不按规定佩戴和使用劳动防护用品，由此引发的人身伤害事故时有发生。另外，有的从业人员由于不会正确使用劳动防护用品，同样也难以避免受到人身伤害。因此，正确佩戴和使用劳动防护用品是从业人员必须履行的法定义务，可以保障从业人员人身安全和生产经营单位安全生产的需要。

56. 劳动防护用品的管理

（1）劳动防护用品应当按照要求妥善保存，及时更换。公用的劳动防护用品应当由车间或班组统一保管，定期维护。

（2）用人单位应当对应急劳动防护用品进行经常性的维护、检修，定期检测劳动防护用品的性能和效果，保证其完好有效。

（3）用人单位应当按照劳动防护用品发放周期定期发放，对工作过程中损坏的，用人单位应及时更换。

（4）对于安全帽、呼吸器、绝缘手套等安全性能要求高、易损耗的劳动防护用品，应当按照有效防护功能最低指标和有效使用期，到期强制报废。

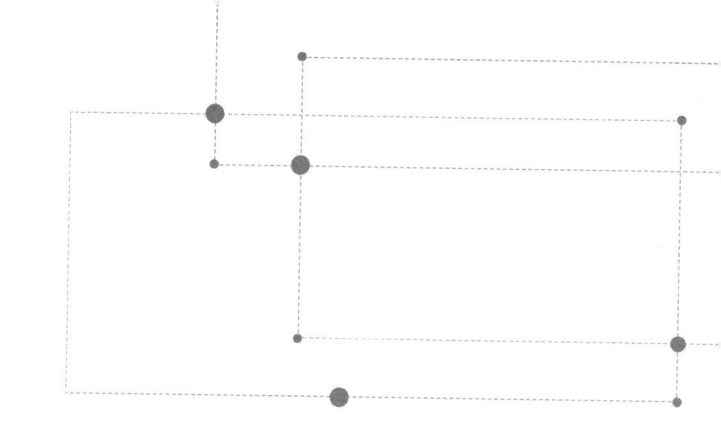

第 7 章

工伤事故应急救援与现场处置

57. 事故应急救援

(1) 事故应急救援的基本任务

1）立即组织营救受害人员，组织撤离或者采取其他措施保护危害区域内的其他人员。抢救受害人员是应急救援的首要任务。

2）迅速控制事态，并对事故造成的危害进行检测、监测，测定事故的危害区域、危害性质及危害程度。

3）消除危害后果，做好现场恢复。及时清理废墟和恢复基本设施，将事故现场恢复至相对稳定的状态。

4）查清事故原因，评估危害程度。事故发生后应及时调查事故的发生原因和事故性质，评估出事故的危害范围和危险程度，查明人员伤亡情况，做好事故原因调查，并总结救援工作中的经验和教训。

【知识拓展】

事故应急救援工作应在预防为主的前提下，贯彻统一指挥、分级负责、区域为主、单位自救和社会救援相结合的原则。这是一项涉及面广、专业性强的工作，单靠某一个部门是很难完成的，必须把各方面的力量组织起来，形成统一的救援指挥部，在指挥部的统一指挥下，应急、救护、公安、消防、环保、卫生、质检等部门应密切配合，协同作战，迅速、有效地组织和实施应急救援，尽可能地避免和减少损失。

(2) 事故应急救援体系的基本构成

一个完整的事故应急救援体系应该由以下四个部分组成:

1) 组织体制

应急救援体系组织体制建设中的管理机构是指维持应急日常管理的负责部门;功能部门包括与应急活动有关的各类组织机构,如消防、医疗机构等;应急指挥是在应急预案启动后,负责应急救援活动场外与场内指挥系统;而救援队伍则由专业和志愿人员组成。

2) 运作机制

应急运作机制主要由统一指挥、分级响应、属地为主和公众动员这四个基本机制组成。

3) 法制基础

法制建设是应急体系的基础和保障,也是开展各项应急活动的依据,与应急有关的法规可分为四个层次:由立法机关通过的法律,如突发事件应对法、防震减灾法和防洪法等;由政府颁布的规章,如应急救援管理条例等;包括预案在内的以政府令形式颁布的政府法令、规定等;与应急救援活动直接有关的标准或管理办法等。

4) 保障系统

应急保障系统中最重要的是信息通信系统,构筑集中管理的信息通信平台是应急体系最重要的基础建设。

【知识拓展】

应急信息通信系统要保证所有预警、报警、警报、报告、指挥等活动的信息交流快速、顺畅、准确,以及信息资源共享;物资与装备不但要保证有足够的资源,而且还要实现快速、及时供应到位;人力资源保障包括专业队伍的加强、志愿人员以及其他有关人员的教育培训;应急财务保障应建立专项应急科目,如应急基金等,以保障应急管理运行和应急反应中各项活动的开支。

58. 事故应急救援与处置程序

(1) 事故应急救援与处置及其必要性

在工伤事故发生后,事故应急救援体系能保证事故应急救援组织的及时出动,并针对性地采取救援措施,对防止事故的进一步扩大、减少人员伤亡和财产损失意义重大。应急救援工作中一项重要任务是对伤员的及时救护,特别是现场救护往往能为伤员争取最宝贵的"救命的黄金时刻"。现场及时、正确的救护,能为医院救治创造条件,并最大限度地挽救伤员的生命和减轻伤残。对于企业职工而言,学习和了解一些基本的自救和救援常识,对于减轻事故后果,实施有效的救援非常必要。

所谓应急救援与处置,是指为消除、减少事故危害,防止事故扩大或恶化,最大限度地降低事故造成的损失或危害而采取的救援措施或行动。

企业职工掌握一定的应急救援知识,对于处理紧急事故,防止和减少伤亡事故有重要的意义。企业在日常安全生产教育培训中,要给职工介绍本单位危险源的位置,可能发生事故的类型、事故后果的严重程度、事故救援的程序及方法等,并组织职工进行事故应急演练。

(2) 事故应急救援与处置的方法

1) 发现紧急情况后,事故现场人员应立即上报单位领导,如事态严重,应直接拨打报警电话。
2) 立即疏散事故现场人员。
3) 实施警戒治安,避免无关人员进入现场。
4) 立即采取现场行之有效的救护措施对受伤人员实施救护和对事态进行控制。
5) 及时将受伤人员送医院救治。
6) 及时报告有关应急救援部门。

59. 灾害事故的避险与逃生

(1) 火灾时的避险与逃生

火灾的发生往往是瞬间的、无情的,提高自我保护能力,从火灾现场安全撤离,一是减少火灾事故中人员伤亡的关键。因此,多掌握一些自救与逃生的知识、技能,把握好脱险时机,就能在困境中拯救自己或赢得更多等待救援的时间,从而获救。

1) 遇到火情时的对策

①火灾初期,如果发现火势不大,未对人与环境造成很大威胁,在附近有消防器材,如灭火器、消防栓、自来水等的情

况下，应尽可能地在第一时间将火扑灭，不可置小火于不顾而酿成火灾。

②当火势失去控制，不要惊慌失措，应冷静机智地运用火场自救和逃生知识摆脱困境。恐慌和崩溃往往使人丧失绝佳的逃生机会。

2）建筑物内发生火灾时如何避险与逃生

①沉着冷静，辨明方向，迅速撤离危险区域。如果火灾现场人员较多，切不可慌张，更不要相互拥挤、盲目跟从或乱冲乱撞、相互践踏，以防造成意外伤害。

②在高层建筑中，电梯的供电系统在火灾发生时会随时断电。因此，发生火灾时千万不可乘普通电梯逃生，而要根据情况选择进入相对安全的楼梯、消防通道、有外窗的通廊等。此外，还可以利用建筑物的阳台、窗台、天台屋顶等攀到周围的安全地点。

③在救援人员不能及时赶到的情况下，可以迅速利用身边的绳索或床单、窗帘、衣服等自制成简易救生绳，有条件的最好用水浸湿，然后从窗台或阳台沿绳缓滑到下面楼层或地面；还可以沿着水管、避雷线等建筑结构中的凸出物滑到地面安全逃生。

④暂避到较安全的场所，等待救援。假如用手摸房门已感到烫手，或已知房间被大火或烟雾围困，此时切不可打开房门，否则火焰与浓烟会顺势冲进房间。这时可采取创造避难场所、固守待援的办法。应关紧迎火的门窗，打开背火的门窗，用湿毛巾或湿布条塞住门窗缝隙，或者用水浸湿棉被蒙上门窗，并不停地泼水降温，同时用水淋透房间内的可燃物，防止烟火侵入。

⑤设法发出信号,寻求外界帮助。被烟火围困暂时无法逃离的人员,应尽量站在阳台或窗口等易于被人发现和能避免烟火近身的地方。白天可以向窗外晃动颜色鲜艳的衣物;晚上可以用手电筒不停地在窗口闪动或者利用敲击金属物、大声呼救等方式,引起救援人员的注意。

(2) 危险化学品泄漏时的避险与逃生

化学品尤其是气态危险化学品泄漏的特点是发生突然、扩散迅速、持续时间长、涉及面广,一旦出现泄漏事故,往往引起人们的恐慌,处理不当则会产生严重的后果。因此,发生危险化学品泄漏事故后,如果现场人员无法控制泄漏,则应迅速报警并选择安全的方式逃生。不同化学物质以及在不同情况下出现的泄漏事故,其自救与逃生的方法有很大差异。若逃生方法选择不当,不仅不能安全逃出,反而会使自己受到更严重的伤害。

1) 安全撤离事故现场

①发生危险化学品泄漏事故时,现场人员不可恐慌,按照平时应急预案的演练步骤,各司其职、井然有序地撤离。

②从危险化学品泄漏现场逃生时,要抓紧宝贵的时间,任何延误时机的行为都有可能给现场人员带来灾难性的后果,因此,当现场人员确认无法控制泄漏时,必须当机立断,选择正确的逃生方法,快速撤离现场。

③逃生要根据泄漏物质的特性,佩戴相应的个人防护用品。如果现场没有防护用品或者防护用品数量不足,也可临时使用湿毛巾或衣物捂住口鼻逃生。

④沉着冷静确定风向,然后根据危险化学品泄漏位置,向

上风向或沿侧风向撤离,也就是逆风逃生;另外,根据泄漏物质的密度,选择从高处或低洼处逃生,但切忌在低洼处滞留。

⑤如果事故现场已有消防救援人员或专人引导,逃生时要服从他们的指引和安排。

2)提高自救与逃生能力

在危险化学品泄漏事故发生时能够顺利逃生,除了在现场要临危不惧,采取有效的自救逃生方法外,还要在平时提高对有毒、有害化学品知识的掌握和防护、自救能力。同时,企业应向职工提供必要的设备、培训等条件,通过对职工的安全教育和培训,使他们能够正确识别化学品安全标签,了解危险化学品安全使用程序和注意事项,以及所接触化学品对人体的危害和防护急救措施。企业还应制定和完善危险化学品泄漏事故应急预案,并定期组织演练,让每一个职工都了解应急方案,掌握自救的基本要领和逃生的正确方法,提高职工应对危险化学品泄漏事故的应变能力,做到遇灾不慌,临阵不乱,能够做出正确的判断和处理。

(3) 自然灾害事故避险与逃生

1)暴雨天气

暴雨,特别是大范围的大暴雨或特大暴雨,往往会在很短时间内造成城市内涝,使居民的生命财产遭受损失,对城市交通也会带来重大影响。暴雨天气应注意以下避险措施:

①预防居民住房发生小内涝,可因地制宜,在家门口放置挡水板或堆砌土坎。

②室外积水漫入室内时,应立即切断电源,防止积水带电伤人。

③在户外积水中行走时，要注意观察，贴近建筑物行走，防止跌入窨井、地坑等。

④驾驶员遇到路面或立交桥下积水过深时，应尽量绕行，避免强行通过。

⑤不要将垃圾、杂物丢入马路下水道，以防堵塞，积水成灾。

⑥家住平房的居民应在雨季来临之前检查房屋，维修房顶。

⑦暴雨期间尽量不要外出，必须外出时应尽可能绕过积水严重的地段。

⑧在山区旅游时，注意防范山洪。上游来水突然混浊、水位上涨较快时，应特别注意。

2）冰雪天气

冰雪天气时，由于视线不清、路面湿滑，给出行带来很多安全隐患，极易发生交通和跌伤等事故，冰雪天气要做好以下避险措施：

①冰雪天气行车应给车辆轮胎少量放气，增加轮胎与路面的摩擦力。

②冰雪天气行车应减速慢行，转弯时避免急转以防侧滑，踩刹车不要过急过死。

③在冰雪路面上行车，应安装防滑链，佩戴有色眼镜或变色眼镜。

④路过桥下、屋檐等处时，要迅速通过或绕道通过，以免上方冻结的冰凌因融化突然脱落伤人。

⑤在道路上撒融雪剂，以防路面结冰；及时组织扫雪。

⑥老人及体弱者应避免出门。

⑦能见度在 50 米以内时，机动车最高时速不得超过每小时 30 千米，并保持车距。

⑧发生交通事故后，应在现场后方设置明显标志，以防二次事故的发生。

3）地震

从发生地震到房屋倒塌，一般只有十几秒的时间。这就要求我们必须在瞬间冷静下来并做出正确的抉择。强震袭来时人往往站立不稳，如果一时逃不出去，最好就近寻找相对安全的地方蹲下或者趴下，同时，尽可能用枕头、坐垫、书包、脸盆或厚书本等护住头、颈部，待地震过后再迅速撤离到室外开阔地带。地震避险要点有以下几点：

①处于住宅（楼房和平房）时，要远离外墙及门窗，可选择厨房、浴室等开间小、不易塌落的地方躲藏。躲藏的具体位置可选择桌子或床下，也可选择坚固的家具旁或紧挨墙根的地方。若居住在高层建筑内，千万不要跳楼。

②处于教室时，学生应用书包护头躲在课桌下或课桌旁，地震之后由老师指挥有秩序地撤出教室。

③处于工作间时，迅速关掉电源和气源，就近躲藏在坚固的机器、设备或者办公家具旁。

④处于商场、展厅、地铁等公共场所时，躲在坚固的立柱或墙角下，避开玻璃橱窗、广告灯箱、高大货架、大型吊灯等危险物。地震过后听从工作人员指挥有序撤离。

⑤处于体育馆、影剧院时，护住头部，蹲、伏到排椅下面。

⑥处于车辆中时，司机要立即驾车驶离立交桥、高楼下、陡崖边等危险地段，在开阔路面停车避震；乘客不要跳车，地

震过后再下车疏散。

⑦处于开阔地时,尽量避开拥挤的人流,一家人要集中在一起,照看好老人和儿童,避免走失。

⑧注意远离高层建筑、烟囱、高大古树等,特别要避开有玻璃幕墙的建筑物。

⑨躲开变压器、电线杆、路灯、高压线、广告牌等高处的危险物。

⑩不要使用电梯。

60. 事故现场急救基本技术

(1) 心肺功能复苏

心肺复苏(CPR)是针对心搏和呼吸骤停采取的"救命技术"。其救护对象为意外事件中心搏和呼吸停止的伤员或病人。

实施心肺复苏时,首先判断伤员呼吸、心搏,一旦判定呼吸、心搏停止,立即采取胸外心脏按压、开放气道、口对口人工呼吸步骤进行心肺复苏。

1) 胸外心脏按压

判定心搏是否停止,摸伤员的颈动脉有无搏动,如无搏动,立即进行胸外心脏按压。实施胸外心脏按压的主要步骤如下:

①用一只手的掌根按在伤员胸骨中下 1/3 段交界处。

②另一只手压在该手的手背上,双手手指均应翘起,不能

平压在胸壁。

③双肘关节伸直。

④利用体重和肩臂力量垂直向下挤压。

⑤使胸骨下陷4厘米。

⑥略停顿后在原位放松。

⑦手掌根不能离开心脏定位点。

⑧连续进行15次心脏按压。

⑨口对口吹气两次后按压心脏15次，如此反复。

2）开放气道

用最短的时间，先将伤员衣领口、领带、围巾等解开，戴上手套迅速清除伤员口鼻内的污泥、土块、痰、呕吐物等异物，以利于呼吸道畅通，再将气道打开。

①仰头举颏法

a）救护人员用一只手的小鱼际部位置于伤员的前额并稍加用力使头后仰，另一只手的食指、中指置于下颌将下颌骨上提。

b）救护人员手指不要深压颌下软组织，以免阻塞气道。

②仰头抬颈法

a）救护人员用一只手的小鱼际部位放在伤员前额，向下稍加用力使头后仰，另一只手置于颈部并将颈部上托。

b）无颈部外伤可用此法。

③双下颌上提法

a）救护人员双手手指放在伤员下颌角，向上或向后方提起下颌。

b）头保持正中位，不能使头后仰，不可左右扭动。

c）适用于怀疑有颈椎外伤的伤员。

④手钩异物

a) 如伤员无意识,救护人员用一只手的拇指和其他四指,握住伤员舌和下颌后,掰开伤员嘴。

b) 救护人员另一只手的食指沿伤员口内插入。

c) 用钩取动作,抠出固体异物。

3) 口对口人工呼吸

口对口人工呼吸,是用救护人员的口呼吸协助伤员呼吸的方法,是现场急救中对于呼吸骤停的伤员最简便最有效的方法,其主要步骤如下:

①完成开放气道后,用身边现有的清洁布质材料盖在伤员嘴上,防止传染病。

②左手捏住伤员鼻孔(防止漏气)。

③救护人员自己先深吸一口气,用自己的口唇把伤员的口唇包住,向伤员嘴里吹气。吹气的同时用眼角观察伤员的胸部,如看到伤员的胸部膨起,表明吹气的力度合适。吹气后待伤员膨起的胸部自然回落后,再深吸一口气重复吹气,反复进行。

④每分钟吹气 10~12 次。

(2) 现场止血

常用的现场止血方法有以下几种:

1) 一般止血法

针对小的创口出血。需用生理盐水冲洗消毒患部,然后覆盖多层消毒纱布用绷带扎紧包扎。

2) 填塞止血法

将消毒的纱布、棉垫、急救包填塞、压迫在创口内,外用绷带、三角巾包扎,松紧度以达到止血效果为宜。

3）绞紧止血法

把三角巾折成带形,打一个活结,取一根小棒穿在带子外侧绞紧,将绞紧后的小棒插在活结小圈内固定。

4）加垫屈肢止血法

加垫屈肢止血法是适用于四肢非骨折性创伤动脉出血的临时止血措施。当前臂或小腿出血时,可于肘窝或腘窝内放纱布、棉花、毛巾做垫,屈曲关节,用绷带将肢体紧紧地缚于屈曲的位置。

5）指压止血法

指压止血法是动脉出血最迅速的一种临时止血法,是用手指或手掌在伤部上端用力将动脉压于骨骼上,阻断血液通过,以便立即止住出血,但仅限于身体较表浅的部位、易于压迫的动脉。

6）止血带止血法

止血带止血法主要是用橡皮管或胶管止血带压迫血管而达到止血的目的。使用方法如下:

左手拿止血带,在后方留出约16厘米;右手拉紧止血带,环绕肢体捆扎,将头端交于左手,用中指和食指夹住,顺着肢体往下拉,头端成环状从中间插入,保证不松垮。如遇到四肢大出血,需要止血带止血,而现场又无橡胶止血带时,可在现场就地取材,如布止血带、线绳或麻绳等。

(3) 伤口包扎

伤口经过清洁处理后,要做好包扎。包扎具有保护伤口、压迫止血、减少感染、减轻疼痛、固定敷料和夹板等作用。包扎时，要做到快、准、轻、牢。包扎伤口，不同部位有不同的方法，包扎材料最常用的是卷轴绷带和三角巾。常用的绷带包扎方法如下：

1）环形法

将绷带以环形重叠缠绕。第一圈做稍斜缠绕，第二、第三圈做环形缠绕，并将第一圈斜出的绷带带角压于环形圈内，最后用橡皮膏将带尾固定，也可将带尾剪开两头打结。此法是各种绷带包扎中最基本的方法，多用于手腕、肢体等部位。

2）蛇形法

先将绷带按环形法缠绕数圈，之后按绷带的宽度做间隔斜形上缠或下缠。

3）螺旋形法

先按环形法缠绕数圈，之后每圈盖住前圈的 1/3 或 2/3 呈螺旋形向上缠。

4）螺旋反折法

先按环形法缠绕数圈，之后按螺旋形法缠绕，等缠到渐粗处，将每圈绷带反折，盖住前圈的 1/3 或 2/3，依次由上而下地缠绕。

5)"8"字形法

在关节的上方、下方，先将绷带由下而上缠绕，再由上而下成"8"字形来回缠绕。

61. 意外触电事故急救措施

触电急救的基本原则是动作迅速、方法正确。有资料指出,从触电后 1 分钟开始救治,90%有良好效果;从触电后 6 分钟开始救治,10%有良好效果;而从触电后 12 分钟开始救治,救活的可能性很小。发生触电的主要急救方法如下:

(1) 脱离电源。发现有人触电后,应立即关闭开关、切断电源。同时,用木棒、皮带、橡胶制品等绝缘物品挑开触电者身上的带电物体。立即拨打报警电话。需防止触电者脱离电源后可能的摔伤,特别是当触电者在高处的情况下,应考虑采取防摔措施。

(2) 解开妨碍触电者呼吸的紧身衣服,检查触电者的口腔,清理口腔黏液,如有假牙,则应取下。

(3) 立即就地抢救。当触电者脱离电源后,应根据触电者的具体情况,迅速对症救护。现场应用的主要救护方法是人工呼吸法和胸外心脏按压法。应当注意,急救要尽快进行,不能等候医生的到来。在送往医院的途中,也不能中止急救。

(4) 如有电烧伤的伤口,应包扎后到医院就诊。

62. 化学品烧伤急救措施

(1) 生石灰烧伤

迅速清除石灰颗粒,用大量流动的洁净冷水冲洗至少 10 分钟,尤其是眼内烧伤更应彻底冲洗。切忌用水浸泡受伤部位,防止生石灰遇水产生大量热量而加重烧伤。

（2）磷烧伤

迅速清除磷以后，用大量流动的洁净冷水冲洗至少 10 分钟；然后用5%的碳酸氢钠或食用苏打水湿敷创面，使创面与空气隔绝，防止磷在空气中氧化燃烧而加重烧伤。

（3）强酸烧伤

强酸包括硫酸、盐酸、硝酸等。皮肤被强酸烧伤应立即用大量清水冲洗至少 10 分钟，同时立即脱掉被污染的衣服；还可用4%的碳酸氢钠或2%的食用苏打水冲洗中和。

（4）强碱烧伤

强碱包括氢氧化钠、氢氧化钾等。皮肤被强碱烧伤应立即用大量清水彻底冲洗创面，直到皂样物质消失为止；也可用食醋或2%的醋酸冲洗中和或湿敷。

63. 化学品中毒急救措施

化学品中毒可分为刺激性气体中毒、窒息性气体中毒和有机溶剂中毒。其中，刺激性气体包括氯化氢和硫酸酸雾、硫化氢等，窒息性气体包括一氧化碳、二氧化碳、氮气等，有机溶剂包括芳香烃、醇类、醚类等。

化学品中毒的急救措施如下：

（1）首先要中断毒物继续侵入人体。救护者戴好防毒面具后，迅速将中毒者撤离现场，如果是气体中毒，要将中毒者撤到上风向,并为其脱去已污染的衣服。

(2) 如果毒物已污染眼部、皮肤,应立即冲洗。

(3) 松开领扣、腰带,使中毒者呼吸新鲜空气。

(4) 静卧、保暖。

(5) 对于口服中毒者,首先判断是否可以进行催吐,如果可以,将手指伸进中毒者口中按压舌根,施加刺激使其反复呕吐。毒物为酸、碱、汽油、漂白剂、杀虫剂、去污剂等时不要催吐,应尽快送医院救治。

化学中毒常伴有休克、呼吸障碍和心搏骤停等症状。应施行心肺复苏术,同时针刺人中穴。

(6) 在护送中毒者去医院的途中,应保持中毒者呼吸畅通。并将中毒者头部偏向一侧,避免其咽下呕吐物;取下假牙,并将舌头拉出引向前方,以防窒息。

64. 中暑急救措施

在既有高温又有空气湿度大或者热辐射强而风速小的环境中作业,如果劳动强度过大、作业时间过长,作业人员极容易发生中暑。轻度中暑的初期症状为头晕、眼花、耳鸣、恶心、心慌、乏力。重度中暑者会有体温急速升高,出现突然晕倒或痉挛等现象。

(1) 中暑症状

1) 中暑先兆

在高温环境下出现大汗、口渴、无力、头晕、眼花、耳鸣、恶心、胸闷、心悸、注意力不集中、四肢发麻等症状,体温不超过37.5摄氏度。

2)轻度中暑

上述症状加重,体温在38摄氏度以上,出现面色潮红或苍白、大汗、皮肤发凉、脉搏细弱、心率快、血压下降等呼吸及循环衰竭的症状及体征。

3)重度中暑

体温在39摄氏度以上,出现头疼、不安、嗜睡或昏迷、面色潮红、汗闭、皮肤干热、血压下降、呼吸急促、心率快等症状。

(2) 现场救护

1)迅速把中暑者移至阴凉通风处或有空调的房间,使其平卧,解开衣裤,以利呼吸和散热。

2)轻者饮淡盐水或淡茶水,可服用藿香正气水、十滴水、人丹等。

3)体温升高者,用凉水擦洗全身,水的温度要逐步降低。在头部、腋窝、大腿根部可用冷水或冰袋敷之,以加快散热。

4)严重中暑者,经降温处理后,应及时送至医院以便及早获得专业急救和治疗。

65. 食物中毒急救措施

企业一般都为员工集中供应午餐或加班餐,如果食物储存过久、未加工熟或煮熟后放置时间太长,很容易引发集体性食物中毒。

(1) 食物中毒的症状

食物中毒者最常见的症状是剧烈的呕吐、腹泻,同时伴有中上腹部疼痛症状。食物中毒者常会因上吐下泻而出现脱水症状,如口干、眼窝下陷、皮肤弹性消失、肢体冰凉、脉搏细弱、血压降低等,甚至可出现休克症状,如手足发凉、面色发青、血压下降等。

(2) 食物中毒现场救护

1) 尽快催吐

发现人员食物中毒时,应尽快催吐。可以用筷子或手指轻碰患者咽壁,促使排吐。如毒物太稠,可取食盐 20 克,加凉开水 200 毫升,让患者喝下,多喝几次即可呕吐;或者用鲜生姜 100 克捣碎取汁,用 200 毫升温开水冲服。肉类食品中毒,则可服用十滴水促使呕吐。

2) 药物导泻

食物中毒时间超过 2 小时,精神较好者,则可服用大黄 30 克,一次煎服;老年体质较好者,可采用番泻叶 15 克,一次煎服或用开水冲服。

66. 淹溺事故急救措施

当出现淹溺的情况时,尽快将溺水者打捞到陆地上或船上，立刻做俯卧人工呼吸，至少连续 15 分钟，不可间断。同时由他人解开溺水者衣扣，检查呼吸、心搏情况。溺水者若尚有呼吸、心搏，可先倒水，动作要敏捷，切勿因此延误其他抢救措施。检查溺水者的口鼻腔内是否有异物，如有，应立即清除口鼻腔内的污泥、杂草、呕吐物等，保持呼吸道通畅，注意保暖。

（1）淹溺的急救方法

1）救护人员一腿跪地，另一腿屈膝，将溺水者的腹部置于救护人员屈膝的大腿上，使溺水者头部下垂，然后用手按压背部使呼吸道及消化道内的水倒排出来。

2）抱住溺水者两腿，将溺水者腹部放在救护人员的肩上并快步走动。

3）如溺水者呼吸、心搏已停止，应立即进行心肺复苏，即胸外心脏按压和口对口人工呼吸。吹气量要偏大，吹气频率为每分钟 14~16 次。要坚持较长的时间，切不可轻易放弃。若有条件时做气管内插管，应吸出水分并做正压人工呼吸。

4）针对昏迷者，可针刺人中、涌泉、内关、关元等穴位，强刺激留针 5~10 分钟。

5）溺水者呼吸、心搏恢复后，人工呼吸频率可与溺水者呼吸一致，给予辅助，待溺水者自动呼吸完全恢复后可停止人工呼吸，同时用干毛巾向心脏方向按摩四肢及躯干皮肤，以促进血液循环。淹溺救治的重点是尽快改善溺水者低氧血症，恢复有效血液循环。

6）有外伤时应对症处理，如包扎、止血、固定等。

7）溺水者苏醒后应继续治疗，防治溺水后并发症。

8）酌情补液及维持电解质及酸碱平衡。必要时，有条件者可进行血流动力学监护。

9）放置胃管，排出胃内容物，以防误吸呕吐物。应用抗菌药物，以防治吸入性肺炎及其他继发感染。

10）警惕急性肺水肿、急性肾功能衰竭及脑水肿等并发症。

（2）淹溺急救的注意事项

1）不要因排水而影响其他抢救。

2）注意是否合并肺气压伤和减压病。

3）不要轻易放弃抢救，特别是低体温者（小于 32 摄氏度），应抢救更长时间。

67. 高处坠落急救措施

高处坠落包括由地面 2 米以上高度坠落和由地面向地坑、地井坠落。坠落产生的伤害主要是脊椎损伤、内脏损伤和骨折。为避免施救方法不当使伤情扩大，抢救时应注意以下几点：

（1）发现坠落伤员，首先看其是否清醒，能否自主活动。若伤员能站起来或移动身体，则要让其躺下，用担架抬送或用车送往医院。因为如果某些内脏受到伤害，伤员在当时可能感觉不明显。

（2）若伤员已不能动或不清醒，切不可乱抬，更不能背起来送医院，这样极容易拉脱伤员脊椎，造成永久性伤害。此时应进一步检查伤员是否骨折，若有骨折，应采用夹板固定

（3）送医院时应先找一块能使伤员平躺的木板，然后从伤员一侧将小臂伸入伤员身下，并由多人分别托住头、肩、腰、腿等部位，同时用力，将伤员平稳托起，再平稳放在木板上，抬着木板送医院。

（4）若坠落在地坑内，也要按上述程序救护。若地坑内杂物太多，应由几个人小心抬抱，放在平板上抬出。若坠落地井中，无法让伤员平躺，则应小心地将伤员抱入筐中吊上来。施救时应注意严禁让伤员脊椎、颈椎受力。

68. 眼部受伤急救措施

（1）轻度眼伤

如眼里进异物，可叫现场同伴翻开眼皮用干净的手绢、纱布将异物拨出。如眼中溅入化学物质，要及时用水冲洗。

（2）重度眼伤

见到眼球鼓出，不可把它推回眼内，这样做十分危险，可能会使其不能恢复。可让伤员仰躺，救护人员设法支撑其头部，并尽可能使其保持静止不动，千万不要试图拨出进入眼中的异物。

立即用消毒纱布轻轻盖住伤眼，如果没有纱布，可用刚洗过的干净毛巾覆盖，再缠上布条，缠时不可用力，以不压及伤眼为原则。做完上述处理后，立即送医院做进一步的治疗。